# 아이가 주인공인 책

아이는 스스로 생각하고 성장합니다.
아이를 존중하고 가능성을 믿을 때
새로운 문제들을 스스로 해결해 나갈 수 있습니다.

〈기적의 학습서〉는 아이가 주인공인 책입니다.
탄탄한 실력을 만드는 체계적인 학습법으로
아이의 공부 자신감을 높여 줍니다.

가능성과 꿈을 응원해 주세요.
아이가 주인공인 분위기를 만들어 주고,
작은 노력과 땀방울에 큰 박수를 보내 주세요.
〈기적의 학습서〉가 자녀 교육에 힘이 되겠습니다.

# Alphabet Sounds

## A a
[애]

## B b
[ㅂ]

## C c
[ㅋ]

## D d
[ㄷ]

## E e
[에]

## F f
[ㅍ]

## G g
[ㄱ]

## H h
[ㅎ]

## I i
[이]

## J j
[ㅈ]

## K k
[ㅋ]

## L l
[ㄹ]

# M m
[ㅁ]

# N n
[ㄴ]

# O o
[아]

# P p
[ㅍ]

# Q q
[ㅋ]

# R r
[ㄹ]

# S s
[ㅅ]

# T t
[ㅌ]

# U u
[어]

# V v
[ㅂ]

# W w
[워]

# X x
[ㅋㅅ]

# Y y
[이]

# Z z
[ㅈ]

# 학습 계획표

공부한 날의 날짜를 기록해 보세요.

| Unit 1 | **A** & **C** | Cat's Yummy Cake | 월 일 |
| Unit 2 | **B** & **E** | A Ball on a Tree | 월 일 |
| Unit 3 | **D** & **U** | My Uncle's Big Umbrella | 월 일 |
| Unit 4 | **F** & **O** | Fox's Birthday Party | 월 일 |
| Unit 5 | **G** & **Y** | A Girl Wants a Goldfish | 월 일 |
| Unit 6 | **H** & **Z** | The Zoo Dance Party | 월 일 |
| Unit 7 | **I** & **N** | The Indian Boy and the Iguana | 월 일 |
| Unit 8 | **J** & **L** | Where Is the Lemon Jam? | 월 일 |
| Unit 9 | **K** & **R** | A Rainbow in the Kingdom | 월 일 |
| Unit 10 | **M** & **X** | Mail from a Pool | 월 일 |
| Unit 11 | **P** & **V** | Panda Pat Loves Pizza | 월 일 |
| Unit 12 | **Q** & **W** | The Worm on the Wall | 월 일 |
| Unit 13 | **S** & **T** | The Tiger's Tooth | 월 일 |

파닉스를 마스터하고 리딩으로 넘어가는

# 기적의
# 파닉스
# 리딩

문단열, 이지영 지음

**1** 알파벳 음가

길벗스쿨

## 저자 문단열

영어 교육 전문가이자 즐기며 배우는 에듀테인먼트의 선구자. 재미와 학습을 결합한 영어 교육법으로 강의와 교재를 지속적으로 연구하고 집필 중이다. 지루하고 어려운 공부가 아닌 재미있고 즐거운 영어 공부를 만드는 선생님만의 학습법을 반영해 이 책을 집필하였다.

**저서**  《파닉스 무작정 따라하기(개정판)》 길벗스쿨
《초등 필수 영문법 무작정 따라하기》 길벗스쿨 등

## 저자 이지영

한양대학교 대학원 영어학과를 졸업. 음성·언어인지과학연구소에서의 연구를 토대로 유익한 교재를 연구하고 어휘와 문법 강의를 개발하고 있다. 파닉스 규칙을 확실히 다지도록 해 아이들에게 영어를 읽고 말하는 자신감을 심어줄 수 있기를 바라며 이 책을 집필하였다.

## 기적의 파닉스 리딩 1

Miracle Series – Phonics Reading 1

**초판 발행** · 2019년 12월 6일
**초판 12쇄 발행** · 2024년 4월 12일

**지은이** · 문단열, 이지영
**발행인** · 이종원
**발행처** · 길벗스쿨
**출판사 등록일** · 2006년 7월 1일 | **주소** · 서울시 마포구 월드컵로 10길 56(서교동)
**대표 전화** · 02)332-0931 | **팩스** · 02)323-0586
**홈페이지** · www.gilbutschool.co.kr | **이메일** · gilbut@gilbut.co.kr

**기획 및 책임 편집** · 이경희, 김소이(soykim@gilbut.co.kr) | **디자인** · 신세진 | **제작** · 손일순
**영업마케팅** · 김진성, 문세연, 박선경, 박다슬 | **웹마케팅** · 박달님, 이재윤, 이지수, 나혜연
**영업관리** · 정경화 | **독자지원** · 윤정아

**편집진행 및 전산편집** · 기본기획 | **표지삽화** · 박혜연 | **본문삽화** · 유정연, 윤영선 | **영문 감수** · Ryan P. Lagace
**인쇄** · 교보피앤비 | **제본** · 경문제책 | **녹음** · YR미디어

**ISBN** 979-11-6406-587-5  64740 (길벗 도서번호 30580)
　　　 979-11-6406-586-8  64740 (세트)

정가 15,000원

**독자의 1초까지 아껴주는 길벗출판사**
(주)도서출판 길벗 | IT교육서, IT단행본, 경제경영서, 어학&실용서, 인문교양서, 자녀교육서
www.gilbut.co.kr
길벗스쿨 | 국어학습서, 수학학습서, 유아학습서, 어학학습서, 어린이교양서, 학습단행본
www.gilbutschool.co.kr

길벗스쿨 공식 카페 〈기적의 공부방〉 · cafe.naver.com/gilbutschool
인스타그램 / 카카오플러스친구 · @gilbutschool

제 품 명 : 기적의 파닉스 리딩 1
제조사명 : 길벗스쿨
제조국명 : 대한민국
전화번호 : 02-332-0931
주　소 : 서울시 마포구 월드컵로
　　　　 10길 56 (서교동)
제조년월 : 판권에 별도 표기
사용연령 : **7세 이상**
KC마크는 이 제품이 공통안전기준에
적합하였음을 의미합니다.

# 스토리 읽기로
# 파닉스는 탄탄하게! 리딩은 자신 있게!

우리 아이들이 영어에 재미를 붙였다 싶다가도 파닉스를 시작하면 흥미를 잃는 경우가 많습니다. 우리말은 자음과 모음을 알면 단어를 쉽게 읽을 수 있지만, 영어는 알파벳을 다 알아도 단어를 읽기 어렵기 때문입니다. 그래서 파닉스를 탄탄하게 다지는 것이 영어 공부의 시작이자, 앞으로 아이들이 영어를 어려운 공식처럼 공부할지 자신 있고 신나게 공부할지를 결정하는 요소가 됩니다.

### 파닉스 스토리로 파닉스 확실히 마스터!

이 책의 스토리들은 파닉스 단어들을 반복 등장하도록 설계하여 목표 음가를 집중 연습할 수 있도록 구성하였습니다. 이야기를 읽는 동안 여러 번 단어를 눈으로 보고 귀로 듣기 때문에 자연스럽게 목표 음가를 익힐 수 있습니다. 스토리를 읽고 난 후에는 단어 쓰기, 문장 완성하기 등의 다양한 유형의 문제를 담아 파닉스 규칙을 확실하게 다지기할 수 있도록 하였습니다. 다른 그림 찾기와 빠진 조각 찾기 등의 흥미로운 액티비티도 추가하여 학습의 재미를 더해줍니다.

### 영어 자신감을 키워주는 즐거운 스토리 리딩!

《기적의 파닉스 리딩》은 장면 1개에 문장 1~2개로 구성한 리더스 1단계 수준의 스토리를 모았습니다. 쉽고 재미있는 여덟 장면의 스토리를 읽으면서 "영어 리딩 나도 할 수 있겠다"라고 리딩에 재미를 느끼고 자신감을 키울 수 있을 것입니다. 시선을 사로잡는 흥미로운 삽화는 아이들이 스스로 끝까지 이야기를 읽을 수 있도록 도와줍니다.

이 책은 아이들이 스토리 리딩을 통해 파닉스는 확실히 떼고 리딩으로 점프할 수 있도록 기획되었습니다. 아이들이 영어를 자신 있게 소리 내어 말하고, 신나게 공부할 수 있기를 바랍니다.

저자 문단열, 이지영

# 차례

# 기적의 파닉스 리딩 특징

**1** **파닉스를 완벽히 마스터!**

알파벳 26자의 기초 음가부터 이중자음, 이중모음까지 파닉스 전반의 학습을 다지기 합니다. 어렴풋이 알던 파닉스 규칙을 스토리 리딩과 다양한 유형의 연습문제를 통해 확실하게 깨치게 됩니다.

**2** **신나는 챈트와 흥미로운 스토리 삽화!**

신나는 챈트 리듬에 파닉스 단어를 실어 지루하지 않게 듣고 따라 외칠 수 있습니다. 흥미로운 삽화는 내용의 이해를 도우며 아이들 스스로 이야기를 끝까지 읽어갈 수 있는 힘을 줍니다.

**3** **리딩 자신감을 주는 쉬운 문장!**

리더스 1단계 수준의 쉽고 재미있는 이야기를 담았습니다. 쉬운 문장 구조와 익숙한 파닉스 단어를 반복 접하면서 긴 문장도 술술 읽을 수 있다는 자신감을 갖게 됩니다.

단계 안내

**〈기적의 파닉스〉 (전 3권)**
파닉스를 시작하는 7세 ~ 초등 1학년

**〈기적의 파닉스 리딩〉 (전 3권)**
파닉스를 마스터하려는 초등 저학년

**1권** 알파벳 음가
**2권** 단모음, 장모음
**3권** 이중자음, 이중모음

## Phonics Words

챈트를 들으며 큰 소리로 따라 읽어보세요. 2개 알파벳 음가를 묶어 단어 8개씩 학습합니다. 단어에 표시된 철자의 음가에 주의하며 여러 번 반복해서 들어보세요. 우리말 줄거리를 읽고 등장인물과 상황을 떠올리면서 읽어도 좋아요.

등장인물과 줄거리 소개

파닉스 음가 익히기

● 스마트폰을 이용해 QR코드를 찍어 MP3 파일을 간편하게 들어보세요.

## Story Reading

장면 1개에 문장 1~2개로 구성한 리더스 1단계 수준의 쉽고 재미있는 이야기를 읽어보세요. 원어민의 음성을 집중해서 듣고 익숙해졌다 싶으면 3회 이상 큰 소리로 읽어보세요. 이 책의 이야기를 다 읽고 나면 파닉스 음가를 저절로 익히고 영어 리딩에도 자신감이 생기게 됩니다.

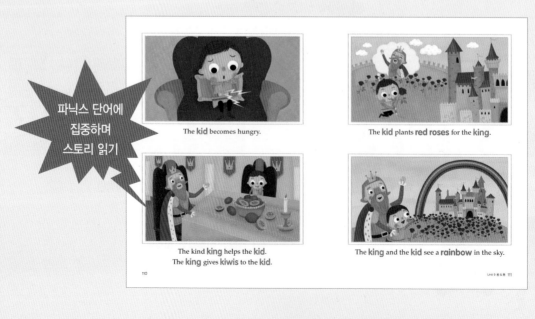

파닉스 단어에 집중하며 스토리 읽기

# Review

앞에서 익힌 단어들을 다시 떠올리면서 단어 연결하기, 빈칸 채우기, 문장 완성하기 등의 연습문제를 풀어요. 단어뿐 아니라 스토리 문장까지 복습하여 파닉스 음가를 다시 한 번 점검하고 확실하게 다지기 할 수 있어요.

단어부터 문장까지 테스트로 점검

Fun Activity로 마무리

## 부가 학습 자료

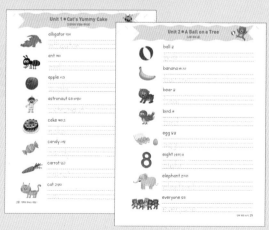

**〈단어 따라 쓰기〉 책 속 부록**
전체 학습을 끝낸 후 학습한 단어를 따라 쓰면서 철자를 익힐 수 있도록 〈단어 따라 쓰기〉 노트를 제공합니다.

**〈받아쓰기 PDF〉 무료 학습 자료**
스토리를 들으면서 빈칸을 채우는 〈받아쓰기 PDF〉를 다운로드 해서 활용하세요.

# A & C

● Unit 1. 고양이의 맛있는 케이크 ●

# Cat's Yummy Cake

66 고양이가 친구들을 위해 케이크를 만들어요.
고양이가 더 맛있는 케이크를 만들도록 친구들이 도와주네요.
고양이는 어떤 맛있는 케이크를 만들게 될까요? 99

# Phonics Words

챈트를 들으며 단어를 따라 읽어보세요.

## A a [애]

**a**lligator

**a**nt

**a**pple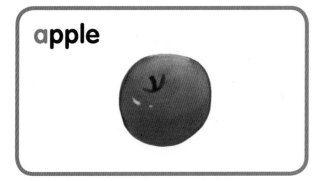

**a**stronaut

## C c [ㅋ]

**c**ake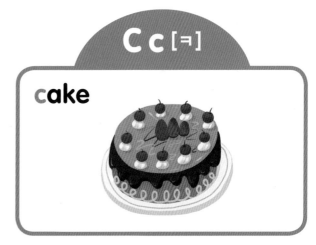

**c**andy

**c**arrot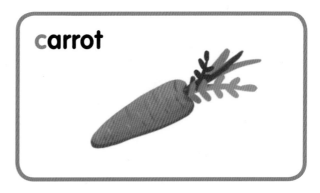

**c**at

A **cat** likes to bake **cakes**.

**Cat** makes a **cake** for his friends.

As **Cat** makes the **cake**,
**Ant** says, "Add **carrots** for a yummy **cake**."

**Cat** adds some **carrots**.

As **Cat** makes the **cake**,
**Alligator** says, "Add **apples** for a yummy **cake**."

**Cat** adds some **apples**.

As **Cat** makes the **cake**, Adam the **astronaut** says,
"Add **candies** for a yummy **cake**."

**Cat** adds some **candies**.
The friends eat the delicious **cake** together.

**A.** 사진에 해당하는 영어 단어를 골라 동그라미 하세요.

1
cat
carrot
cake

2
astronaut
apple
ant

3
apple
alligator
astronaut

4
cake
cat
candy

**B.** 사진을 보고 빈칸에 알맞은 글자를 쓰세요.

1
☐ nt

2
☐ at

3
☐ andy

4
☐ lligator

5
☐ ake

6
☐ pple

7
☐ arrot

8
☐ stronaut

**C.** 사진에 해당하는 첫글자와 단어가 되도록 선을 그으세요.

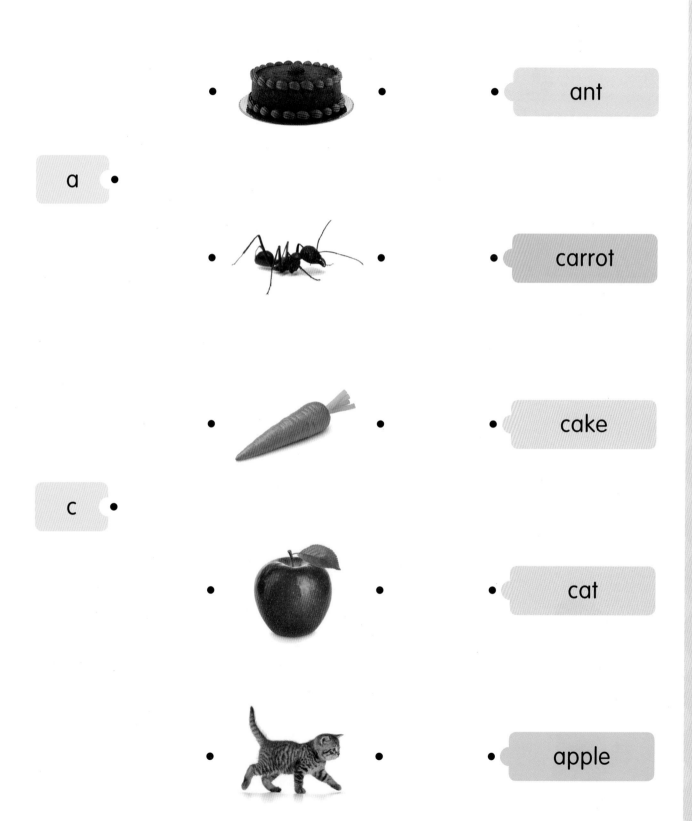

ant

a

carrot

cake

c

cat

apple

**D.** 사진을 보고 첫소리가 같은 단어들끼리 모아서 쓰세요.

cake   ant   carrot

astronaut   candy

cat   alligator   apple

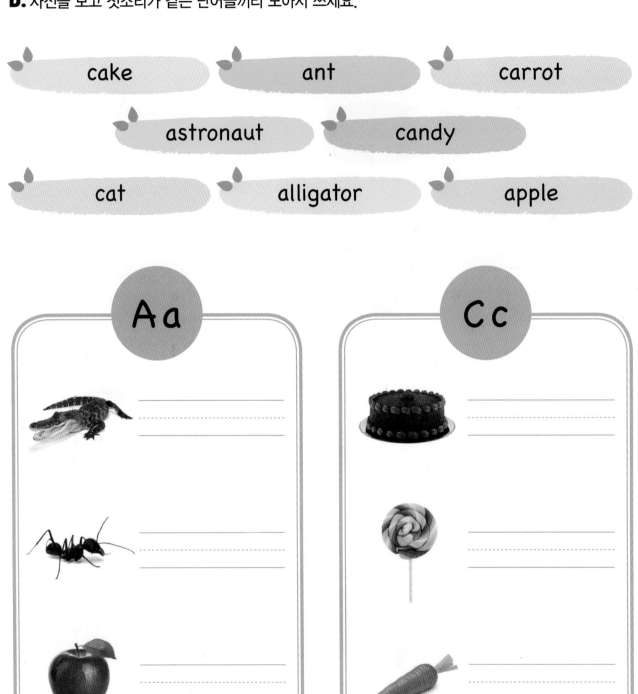

Aa

Cc

18

# Review 2

**A.** 보기 에서 알맞은 단어를 골라 빈칸에 쓰세요.

| 보기 | Alligator  cake  cat  apples  Ant |
| --- | --- |

**1**

A _____ likes to bake **cakes**.

**2**

As **Cat** makes the **cake**,

_____ says,

"Add **carrots** for a yummy **cake**."

**3**

As **Cat** makes the **cake**,

_____ says,

"Add **apples** for a yummy **cake**."

**4**

**Cat** adds some _____ .

**B.** 문장을 읽고 알맞은 그림을 고르세요.

**1** **Cat** makes a **cake** for his friends.

**2** **Cat** adds some **carrots**.

**3** **Cat** adds some **apples**.

**4** The friends eat the delicious **cake** together.

두 그림을 보고 다른 점 다섯 군데를 찾아 동그라미 하세요.

# B & E

• Unit 2. 나무 위의 공 •

# A Ball on a Tree

❝ 여덟 마리 곰들이 공놀이를 해요. 이런! 공이 나무 위에 떨어졌어요.
곰들은 키가 작아 공을 꺼내지 못하네요. 누가 곰들의 공을 좀 꺼내주세요! ❞

# Phonics Words

챈트를 들으며 단어를 따라 읽어보세요.

## B b [ㅂ]

**b**all

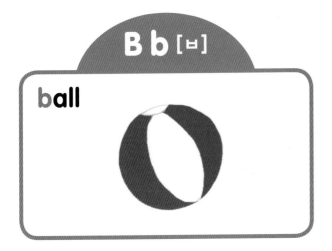

**b**anana

**b**ear

**b**ird

## E e [에]

**e**gg

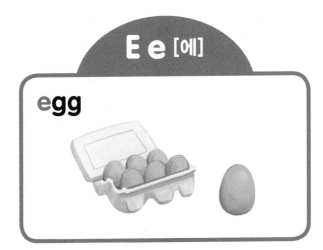

**e**ight

**e**lephant

**e**veryone

잘 듣고 큰 소리로 따라 읽어 보세요.

**Eight bears** play under a **banana** tree.

One **bear** kicks the **ball** hard.
The **ball** lands on the **banana** tree.

24

The **eight bears** are too short.
The **ball** is still on the tree.

The **eight bears** see a **bird** on some **eggs**.
They ask the **bird** for help.

The **bird** is too weak.
The **ball** is still on the tree.

The **eight bears** ask an **elephant** for help.

The **elephant** uses his long trunk,
and the **eight bears** get their **ball** back.

The **eight bears** play with the **ball**, and the **elephant**
eats the **bananas**. **Everyone** is happy now.

**Review 1**

**A.** 사진에 해당하는 영어 단어를 골라 동그라미 하세요.

**1**

egg
everyone
eight

**2**

ball
bird
bear

**3**

bear
banana
ball

**4**

eight
elephant
egg

**B.** 사진을 보고 빈칸에 알맞은 글자를 쓰세요.

**1**

___ear

**2**

___ird

**3**
___ight

**4**

___lephant

**5**
___veryone

**6**

___anana

**7**
___gg

**8**
___all

28

**C.** 사진에 해당하는 첫글자와 단어가 되도록 선을 그으세요.

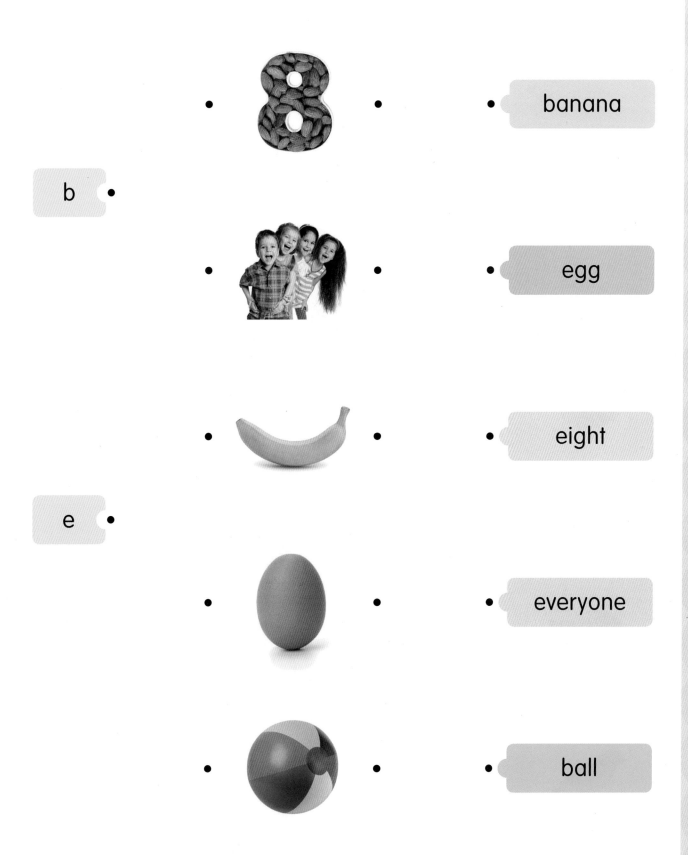

**D.** 사진을 보고 첫소리가 같은 단어들끼리 모아서 쓰세요.

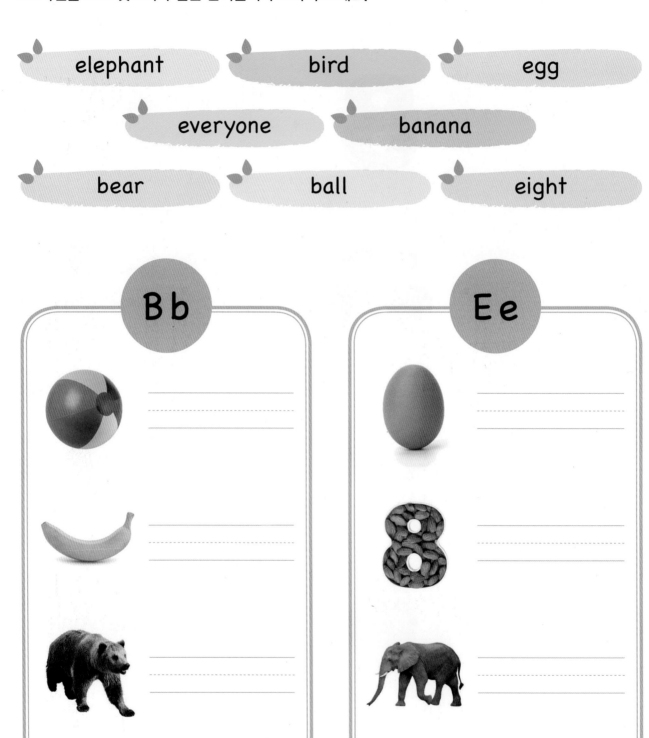

elephant    bird    egg

everyone    banana

bear    ball    eight

**B b**

**E e**

# Review 2

**A.** 보기 에서 알맞은 단어를 골라 빈칸에 쓰세요.

> 보기   elephant   ball   bears   banana   eight

**1**

**Eight bears** play under a
_____ tree.

**2**

The **eight** _____ are too
short.

**3**

The **eight bears** ask an
_____ for help.

**4**

The **eight bears** play with the
_____ , and the **elephant**
eats the **bananas**.

**B.** 문장을 읽고 알맞은 그림을 고르세요.

**1** **Eight bears** play under a **banana** tree.

**2** The **ball** lands on the **banana** tree.

**3** The **eight bears** see a **bird** on some **eggs**.

**4** The **bird** is too weak. The **ball** is still on the tree.

다음 장면과 관계없는 조각 두 개를 찾아 동그라미 하세요.

# D & U

● Unit 3. 삼촌의 큰 우산 ●

# My Uncle's Big Umbrella

**❝** 우리 삼촌에게는 큰 우산이 있어요.

그 우산 아래에서 오리는 드럼을 연주하고, 당나귀는 음악에 맞춰 춤을 춰요.

그런데 삼촌은 하루 종일 시끄러운 동물들 때문에 고민이래요.

과연 삼촌은 고민을 해결할 수 있을까요? **❞**

# Phonics Words

챈트를 들으며 단어를 따라 읽어보세요.

## D d [ㄷ]

**d**ance

**d**onkey

**d**rum

**d**uck

## U u [어]

**u**mbrella

**u**ncle

**u**nder
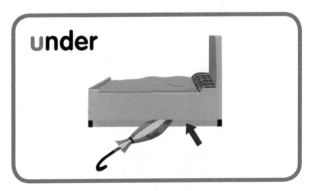

**u**pset

잘 듣고 큰 소리로 따라 읽어 보세요. 1 2 3

My **uncle** has a big **umbrella**.

One rainy day, his **duck** plays the **drums**
**under** the big **umbrella**.

His **donkey dances under** the big **umbrella**.

The **duck** plays the **drums** all day long.
The **donkey dances** and **dances** and **dances**.

They are noisy, so my **uncle** is **upset**.
He hides the **umbrella**.

The **duck** stops playing the **drums**.
The **donkey** stops **dancing**.

The **duck** and **donkey** cry.

My **uncle** gives them the **umbrella**.
They are happy again.

**A.** 사진에 해당하는 영어 단어를 골라 동그라미 하세요.

**1**

donkey

duck

drum

**2**

upset

uncle

umbrella

**3**

drum

dance

duck

**4**

under

upset

uncle

**B.** 사진을 보고 빈칸에 알맞은 글자를 쓰세요.

**1**

ance

**2**

 ncle

**3**

pset

**4**

uck

**5**

 nder

**6**

 rum

**7**

 onkey

**8**

 mbrella

**C.** 사진에 해당하는 첫글자와 단어가 되도록 선을 그으세요.

upset

d

drum

duck

u

under

uncle

**D.** 사진을 보고 첫소리가 같은 단어들끼리 모아서 쓰세요.

upset    dance    duck

drum    umbrella

uncle    donkey    under

# Review 2

**A.** 보기 에서 알맞은 단어를 골라 빈칸에 쓰세요.

| 보기 | duck | uncle | donkey | umbrella | dance |

**1**

My _____ has a big **umbrella**.

**2**

His _____ **dances under** the big **umbrella**.

**3**

He hides the _____.

**4**

The _____ and **donkey** cry.

**B.** 문장을 읽고 알맞은 그림을 고르세요.

**1** One rainy day, his **duck** plays the **drums under** the big **umbrella**.

ⓐ   ⓑ

**2** His **donkey dances under** the big **umbrella**.

ⓐ   ⓑ

**3** They are noisy, so my **uncle** is **upset**.

ⓐ   ⓑ

**4** My **uncle** gives them the **umbrella**. They are happy again.

ⓐ   ⓑ

그림과 문장을 보고 일이 일어난 순서대로 번호를 쓰세요.

**1**

The duck and donkey cry.

**2**

The donkey dances and dances and dances.

**3**

My uncle has a big umbrella.

**4**

He hides the umbrella.

[ ] ···▶ [ ] ···▶ [ ] ···▶ [ ]

F & O

• Unit 4. 여우의 생일 파티 •

# Fox's Birthday Party

❝ 오렌지 농장에서 여우와 친구들이 생일 파티를 해요. 앗, 농장에 불이 났어요!

동물 친구들이 무사할 수 있을까요? 어서 불을 끄고 여우의 생일을 축하해 줘야 할 텐데요. ❞

# Phonics Words

챈트를 들으며 단어를 따라 읽어보세요.

## F f [ㅍ]

**f**ire
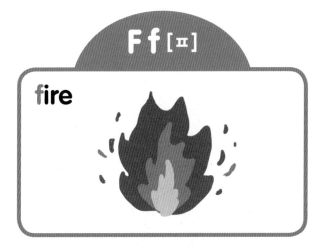

**f**ood

**f**ox

**f**rog

## O o [아]

**o**range
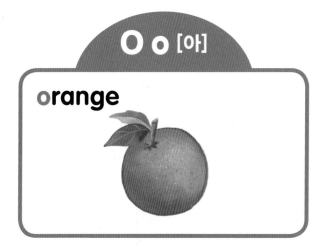

**o**strich

**o**tter

**o**x

잘 듣고 큰 소리로 따라 읽어 보세요. ① ② ③

It's **fox**'s birthday.
Some friends have a party on his **orange** farm.

A small **fire** starts in the barn.
"**Fire!**" **Ox** cries out.

**Frog** jumps to the **fire** station.

**Otter** swims to the **fire** station.

**Ostrich** runs to the **fire** station.

"Hurry! **Fox**'s **orange** farm is on **fire!**"

A **fire** truck arrives at the **orange** farm.
The firefighter puts out the **fire**.

The firefighter saves **Fox**'s birthday party.
They all enjoy the **food** together.

**A.** 사진에 해당하는 영어 단어를 골라 동그라미 하세요.

**1**

ostrich

orange

otter

**2**

fox

frog

food

**3**

ox

otter

orange

**4**

fire

frog

fox

**B.** 사진을 보고 빈칸에 알맞은 글자를 쓰세요.

**1**

ox

**2**

ire

**3**

tter

**4**

range

**5**

x

**6**

strich

**7**

rog

**8**

ood

**C.** 사진에 해당하는 첫글자와 단어가 되도록 선을 그으세요.

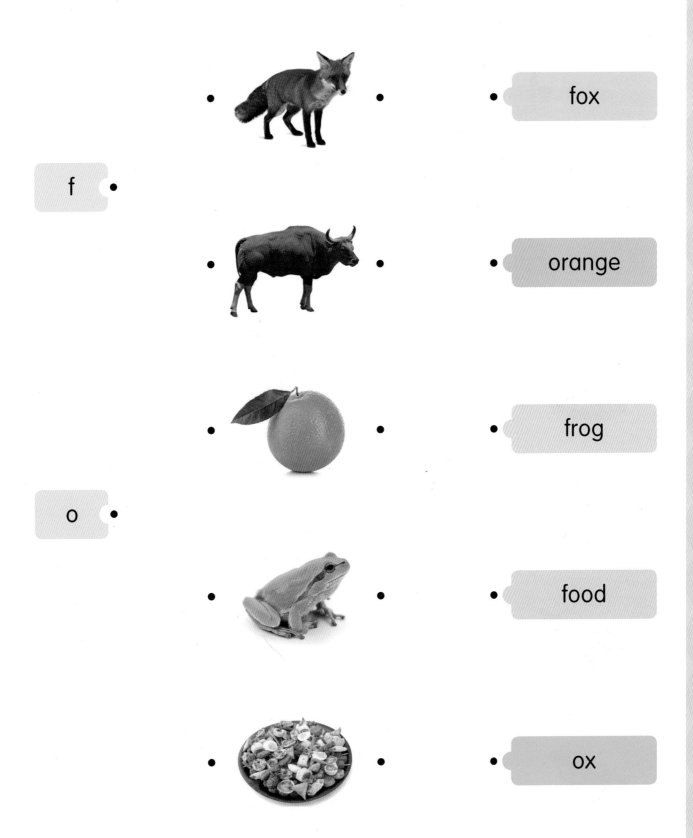

**D.** 사진을 보고 첫소리가 같은 단어들끼리 모아서 쓰세요.

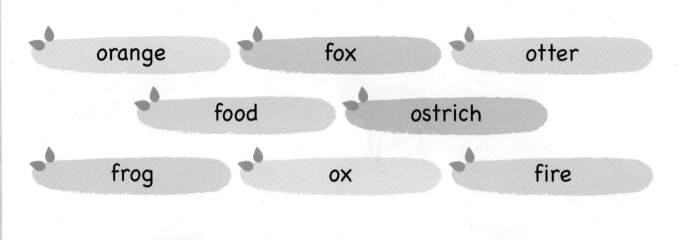

orange    fox    otter

food    ostrich

frog    ox    fire

# Review 2

**A.** 보기 에서 알맞은 단어를 골라 빈칸에 쓰세요.

| 보기 | Ostrich    food    orange    fox    fire |

**1**

Some friends have a party on his

_____ farm.

**2**

_____ runs to the **fire**

station.

**3**

"Hurry! **Fox**'s **orange** farm is on

_____ !"

**4**

They all enjoy the _____

together.

**1** A small **fire** starts in the barn. "**Fire!**" **Ox** cries out.

 **a**

 **b**

**2** **Frog** jumps to the **fire** station.

 **a**

 **b**

**3** **Otter** swims to the **fire** station.

 **a**

 **b**

**4** The firefighter puts out the **fire**.

 **a**

 **b**

다음 장면을 완성하는 조각 두 개를 찾아 동그라미 하세요.

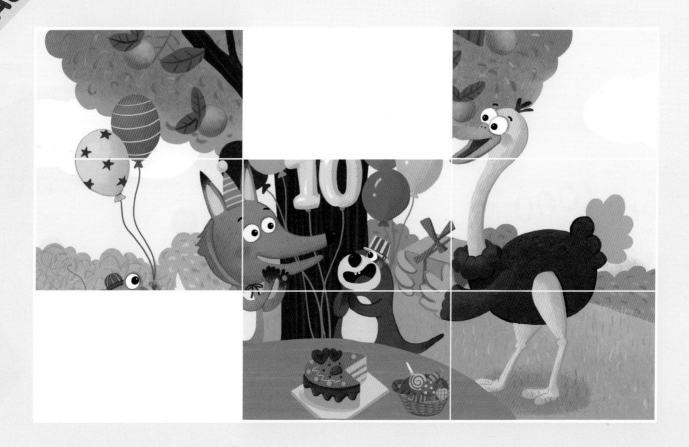

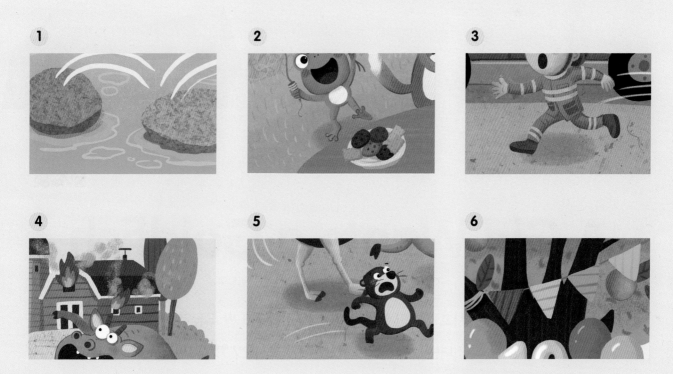

G & Y

● Unit 5. 소녀는 금붕어를 갖고 싶어요 ●

# A Girl Wants a Goldfish

**❝** 소녀는 노란 금붕어를 사고 싶지만 돈이 없어요. 염소한테서 짠 우유로 돈을 벌 계획이에요. 소녀는 노란 금붕어를 살 수 있을까요? **❞**

# Phonics Words

챈트를 들으며 단어를 따라 읽어보세요.

## G g [ㄱ]

**g**irl

**g**oat

**g**oldfish

**g**rass

## Y y [이]

**y**ard

**y**awn

**y**ellow
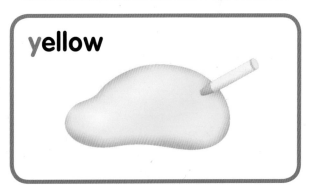

**y**ogurt

A **girl** wants to have a **yellow goldfish**.

"I will make money and buy a **yellow goldfish**."

In the morning, the **girl** goes to her **goat**
on the **grass**.

Baa!

The **girl** milks the **goat** on the **grass**.

In the afternoon, the **girl** makes yummy **yogurt** with **goat** milk.

In the evening, the **girl** sells the yummy **yogurt** in her **yard**.

After a long day, the **girl yawns** in bed.

"I will buy a **yellow goldfish** tomorrow."

**Review 1**

**A.** 사진에 해당하는 영어 단어를 골라 동그라미 하세요.

1

girl
goat
goldfish

2

grass
girl
goat

3

yawn
yard
yellow

4

yogurt
yellow
yard

**B.** 사진을 보고 빈칸에 알맞은 글자를 쓰세요.

1

☐ oat

2

☐ ard

3

☐ rass

4

☐ ogurt

5

☐ awn

6

☐ irl

7

☐ oldfish

8

☐ ellow

**c.** 사진에 해당하는 첫글자와 단어가 되도록 선을 그으세요.

goat

g

yellow

girl

y

yogurt

yawn

**D.** 사진을 보고 첫소리가 같은 단어들끼리 모아서 쓰세요.

yogurt     yard     goldfish

goat     yawn

grass     yellow     girl

G g

Y y

# Review 2

**A.** 보기 에서 알맞은 단어를 골라 빈칸에 쓰세요.

| 보기 | yogurt goat girl grass yellow |
| --- | --- |

**1**

A _____ wants to have a **yellow goldfish**.

**2**

In the morning, the **girl** goes to her _____ on the **grass**.

**3**

In the afternoon, the **girl** makes yummy _____ with **goat** milk.

**4**

"I will buy a _____ **goldfish** tomorrow."

**B.** 문장을 읽고 알맞은 그림을 고르세요.

**①** "I will make money and buy a **yellow goldfish**."

ⓐ   ⓑ

**②** The **girl** milks the **goat** on the **grass**.

ⓐ   ⓑ

Baa!

**③** In the evening, the **girl** sells the yummy **yogurt** in her **yard**.

ⓐ   ⓑ

YOGURT

**④** After a long day, the **girl yawns** in bed.

ⓐ   ⓑ

소녀가 염소에게 갈 수 있도록 미로를 탈출해 보세요.

● Unit 6. 동물원 댄스파티 ●

# The Zoo Dance Party

**66** 동물원에서 댄스파티가 열린대요. 하마는 댄스파티에 같이 갈 친구를 찾고 있어요. 하마가 어떤 멋진 친구와 댄스파티에 가게 될지 궁금하네요. **99**

# Phonics Words

챈트를 들으며 단어를 따라 읽어보세요.

## H h [ㅎ]

**h**en

**h**ippo

**h**orse

**h**ouse

## Z z [ㅈ]

**z**ebra

**z**igzag

**z**ipper

**z**oo

There is a dance party at the **zoo** tonight.

Who can **Hippo** go with?

**Hippo** goes to **Zebra**'s **house**.
"Let's go to the **zoo** dance party."

Night falls.
**Hippo** can't see **Zebra** at night.

**Hippo** goes to **Hen's house**.
"Let's go to the **zoo** dance party."

**Hen** is very sleepy.
**Hen** needs to go to bed early.

**Hippo** goes to **Horse**'s **house**.
**Hippo** likes **Horse**'s **zipper** jacket.

**Hippo** and **Horse** do a **zigzag** dance
at the **zoo** dance party.

**A.** 사진에 해당하는 영어 단어를 골라 동그라미 하세요.

1. zipper
   zoo
   zigzag

2. hen
   hippo
   horse

3. zipper
   zigzag
   zebra

4. horse
   hippo
   hen

**B.** 사진을 보고 빈칸에 알맞은 글자를 쓰세요.

1. ⬜ ouse

2. ⬜ oo

3. ⬜ ippo

4. ⬜ ebra

5. ⬜ orse

6. ⬜ ipper

7. ⬜ igzag

8. ⬜ en

**C.** 사진에 해당하는 첫글자와 단어가 되도록 선을 그으세요.

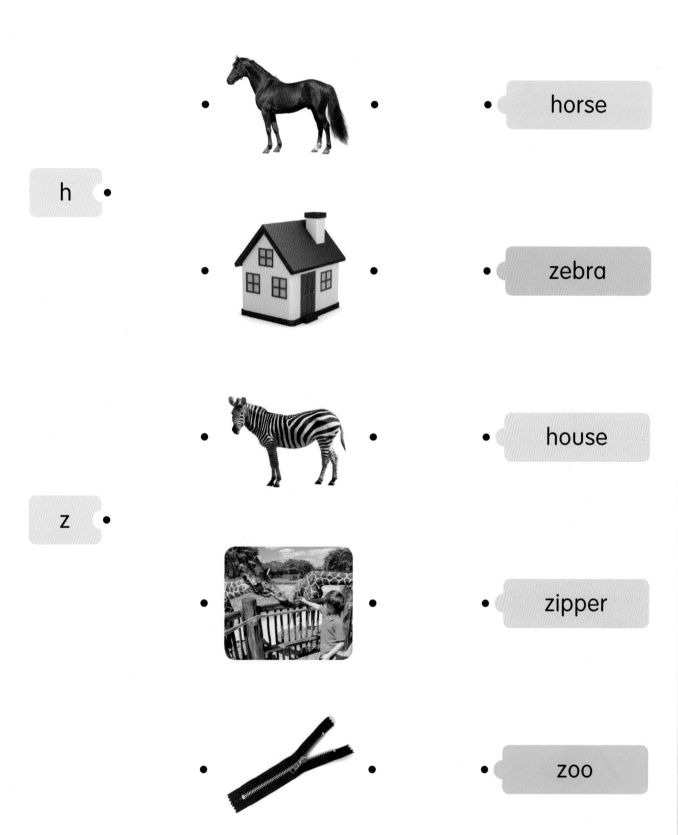

h

horse

zebra

house

z

zipper

zoo

**D.** 사진을 보고 첫소리가 같은 단어들끼리 모아서 쓰세요.

horse　　zoo　　hen

zigzag　　hippo

zebra　　house　　zipper

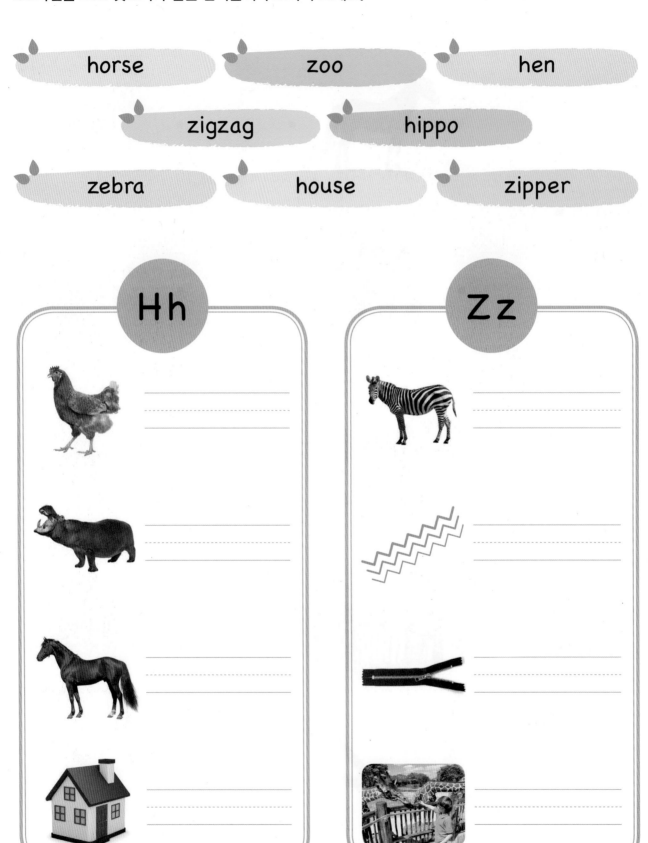

Hh

Zz

# Review 2

**A.** 보기 에서 알맞은 단어를 골라 빈칸에 쓰세요.

| 보기 | zipper    zoo    Hen    Zebra    Hippo |

**1**

There is a dance party at the _____ tonight.

**2**

Who can _____ go with?

**3**

**Hippo** goes to _____'s house.

**4**

**Hippo** goes to _____'s house.

**1** Night falls. **Hippo** can't see **Zebra** at night.

 **a**
 **b**

**2** **Hen** is very sleepy. **Hen** needs to go to bed early.

 **a**
 **b**

**3** **Hippo** likes **Horse**'s **zipper** jacket.

 **a**
 **b**

**4** **Hippo** and **Horse** do a **zigzag** dance at the **zoo** dance party.

 **a**
 **b**

두 그림을 보고 다른 점 다섯 군데를 찾아 동그라미 하세요.

I & N

● Unit 7. 인디언 소년과 이구아나 ●

# The Indian Boy and the Iguana

66 인디언 소년과 이구아나가 나무 아래에서 처음 만났어요.

인디언 소년은 이구아나와 친구가 되고 싶은데, 이구아나는 인디언 소년이 무서운가 봐요.

과연 둘은 친구가 될 수 있을까요? 99

# Phonics Words

챈트를 들으며 단어를 따라 읽어보세요.

## I i [이]

**i**guana

**i**n

**I**ndian

**i**nsect

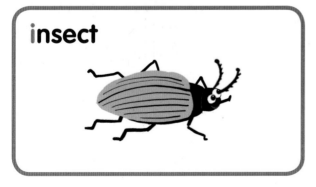

## N n [ㄴ]

**n**ame

Ian

**n**ap

**n**ose

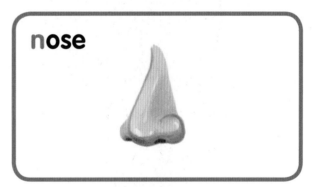

**n**ut

An **iguana** takes a **nap in** a **nut** tree.

An **Indian** boy with a big **nose** finds
the **iguana in** the **nut** tree.

The **iguana** is scared of the **Indian** boy and his big **nose**.

"I want to be your friend.

My **name** is Ian."

The **Indian** boy catches an **insect** for the **iguana**.

The **iguana** picks a **nut** for the **Indian** boy.

The **Indian** boy and the **iguana** are now friends.

They take a long **nap** under the **nut** tree.

**A.** 사진에 해당하는 영어 단어를 골라 동그라미 하세요.

1

nut

nap

name

2

insect

Indian

iguana

3

iguana

in

insect

4

nose

name

nap

**B.** 사진을 보고 빈칸에 알맞은 글자를 쓰세요.

1

ut

2

ap

3

nsect

4

ndian

5

ame

6

guana

7

n

8

ose

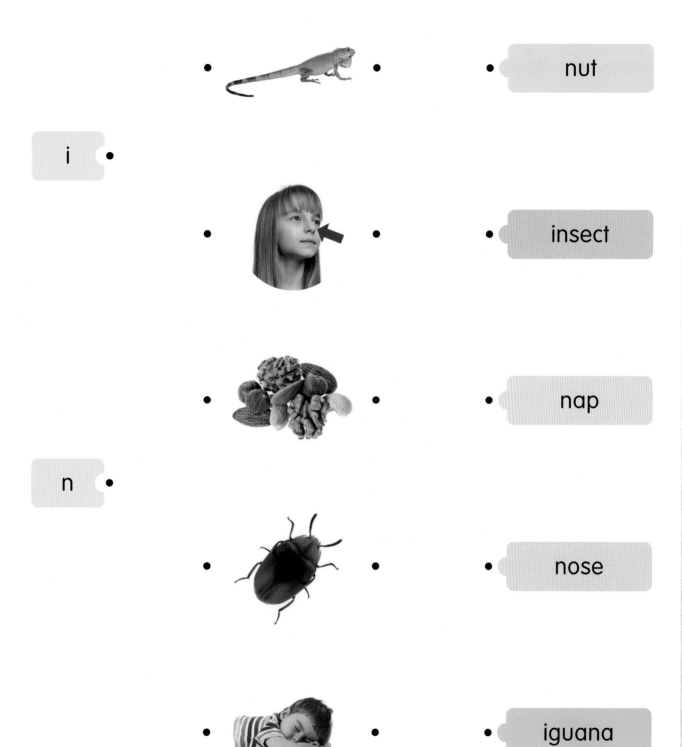

**C.** 사진에 해당하는 첫글자와 단어가 되도록 선을 그으세요.

nut

i

insect

nap

n

nose

iguana

**D.** 사진을 보고 첫소리가 같은 단어들끼리 모아서 쓰세요.

name | in | nose

insect | Indian

iguana | nap | nut

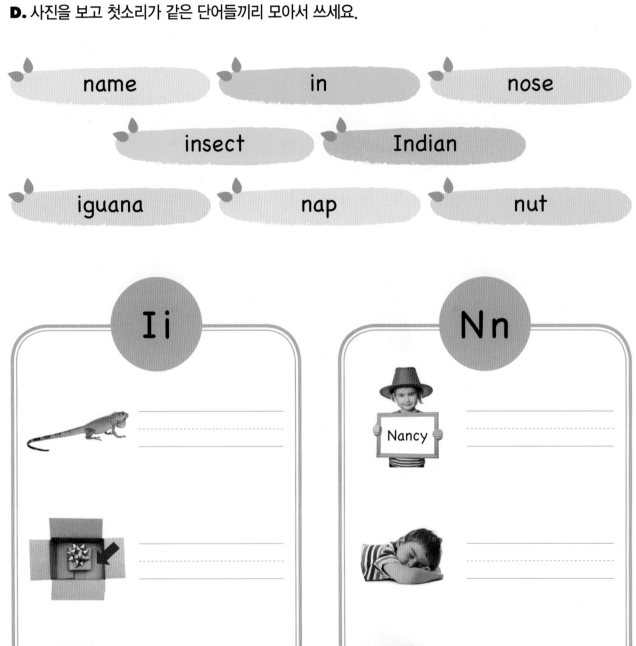

**Ii**

**Nn**

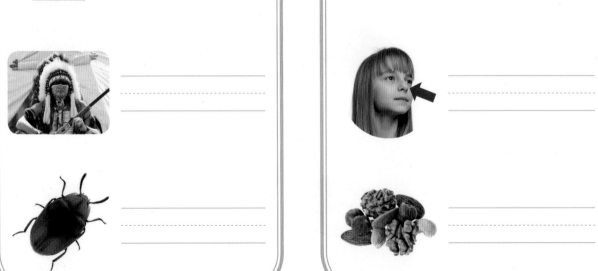

**A.** 보기 에서 알맞은 단어를 골라 빈칸에 쓰세요.

보기   name   iguana   insect   nose   Indian

**1**

An **Indian** boy with a big
_____ finds the **iguana**
**in** the **nut** tree.

**2**

"I want to be your friend.
My _____ is Ian."

**3**

The _____ picks a **nut** for
the **Indian** boy.

**4**

The _____ boy and the
**iguana** are now friends.

**B.** 문장을 읽고 알맞은 그림을 고르세요.

**①** An **iguana** takes a **nap in** a **nut** tree.

**②** The **iguana** is scared of the **Indian** boy and his big **nose**.

**③** The **Indian** boy catches an **insect** for the **iguana**.

**④** They take a long **nap** under the **nut** tree.

그림과 문장을 보고 일이 일어난 순서대로 번호를 쓰세요.

**1**

The Indian boy catches an insect for the iguana.

**2**

An iguana takes a nap in a nut tree.

**3**

"I want to be your friend. My name is Ian."

**4**

They take a long nap under the nut tree.

J & L

• Unit 8. 레몬 잼은 어디 있어? •

# Where Is the Lemon Jam?

" 존이 엄마의 심부름으로 레몬 잼과 레몬주스를 사러 가요. 집에 돌아온 존을 보니 빈손이네요.
엄마의 심부름으로 산 레몬 잼과 레몬주스는 어디에 있을까요? "

# Phonics Words

챈트를 들으며 단어를 따라 읽어보세요.

## J j [ㅈ]

jam

jeans

jet

juice

## L l [ㄹ]

lemon

long
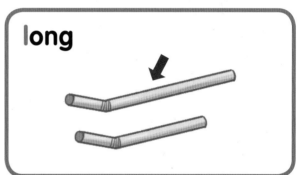

love

low

John's mom **loves lemons**.
"Buy some **lemon jam** and **lemon juice**, John."

John puts on his **jeans** and flies to the supermarket.

John flies like a **jet**.
He flies high and **low**.

John waits in a **long** line.
He buys some **lemon jam** and **lemon juice**.

John becomes so hungry, he eats the **lemon jam**.

John becomes so thirsty, he drinks the **lemon juice**.

John flies like a **jet** again.
He flies high and **low** again.

John returns home with nothing.
"Where is the **lemon jam** and the **lemon juice**?"

**A.** 사진에 해당하는 영어 단어를 골라 동그라미 하세요.

**1**

jam
jet
jeans

**2**

jeans
juice
jam

**3**

love
low
long

**4**

low
lemon
love

**B.** 사진을 보고 빈칸에 알맞은 글자를 쓰세요.

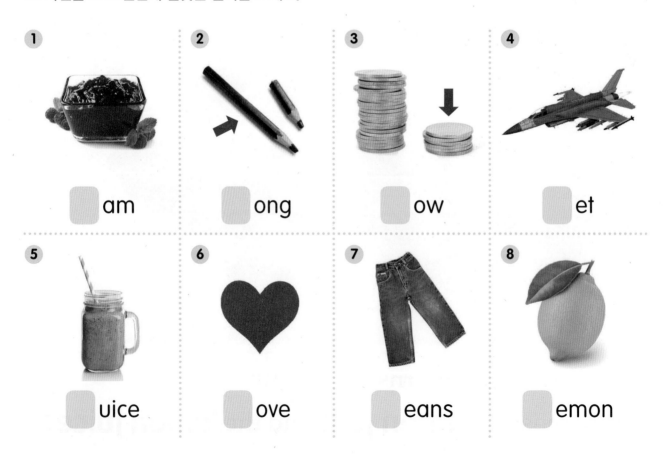

**1**   ☐ am

**2**   ☐ ong

**3**   ☐ ow

**4**   ☐ et

**5**   ☐ uice

**6**   ☐ ove

**7**   ☐ eans

**8**   ☐ emon

**c.** 사진에 해당하는 첫글자와 단어가 되도록 선을 그으세요.

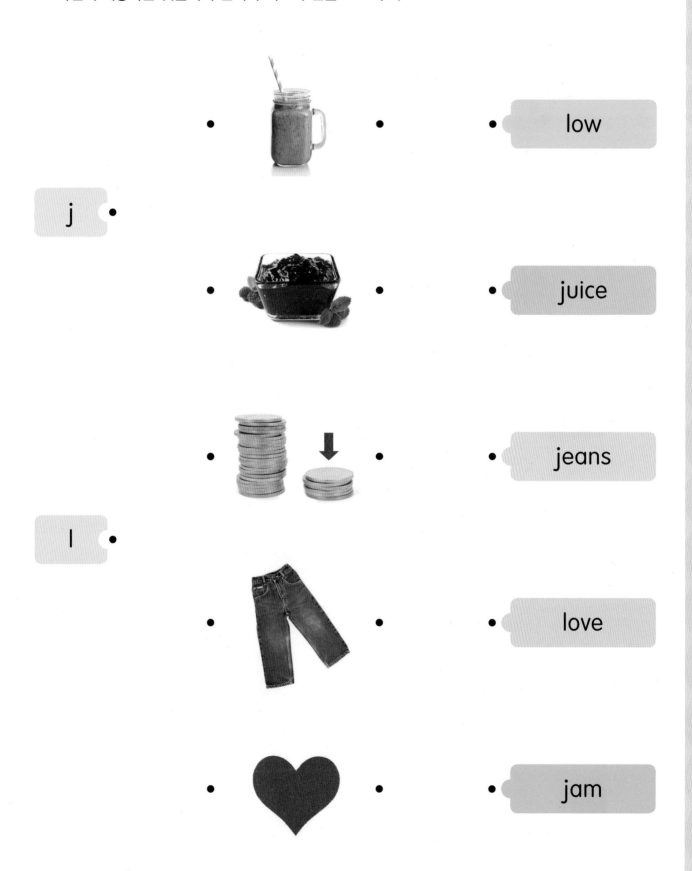

low

j

juice

jeans

l

love

jam

**D.** 사진을 보고 첫소리가 같은 단어들끼리 모아서 쓰세요.

love    jet    long

juice    jeans

lemon    jam    low

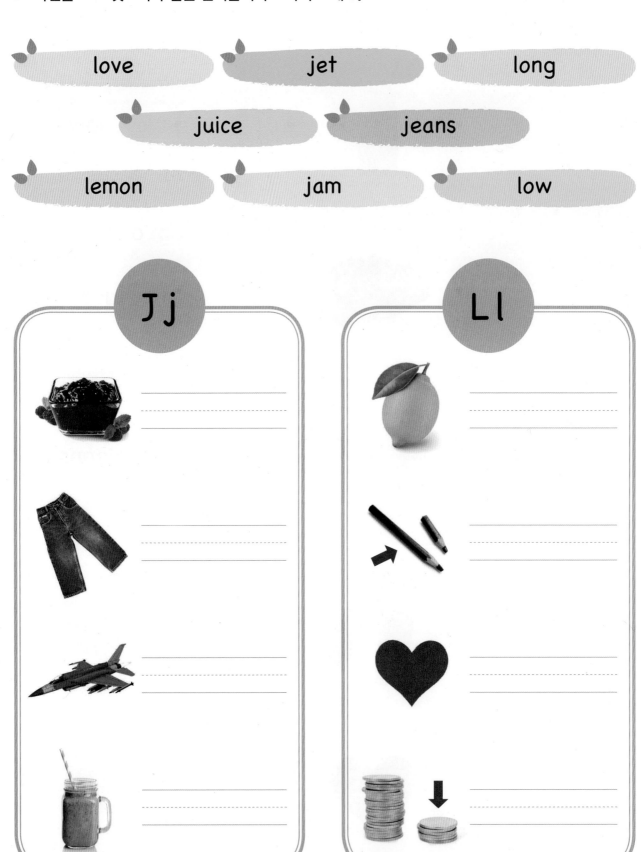

Jj

Ll

**A.** 보기 에서 알맞은 단어를 골라 빈칸에 쓰세요.

| 보기 | jam | lemons | juice | long | jeans |

**1**

John's mom **loves** _____.

"Buy some **lemon jam** and **lemon juice**, John."

**2**

John puts on his _____ and flies to the supermarket.

**3**

John becomes so thirsty, he drinks the **lemon** _____.

**4**

"Where is the **lemon** _____ and the **lemon juice**?"

**B.** 문장을 읽고 알맞은 그림을 고르세요.

1. John puts on his **jeans** and flies to the supermarket.

   **ⓐ**  **ⓑ**

2. John waits in a **long** line.

   **ⓐ**  **ⓑ**

3. John becomes so hungry, he eats the **lemon jam**.

   **ⓐ**  **ⓑ**

4. John flies like a **jet** again. He flies high and **low** again.

   **ⓐ**  **ⓑ**

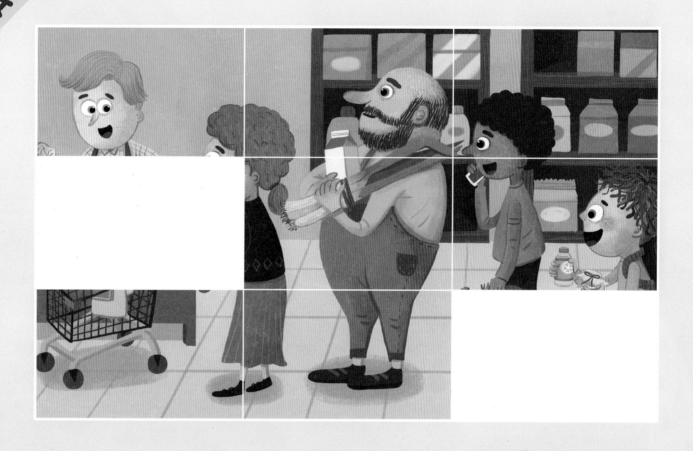

## Activity

다음 장면을 완성하는 조각 두 개를 찾아 동그라미 하세요.

K & R

# A Rainbow in the Kingdom

> 66 비가 많이 내리는 어느 날, 왕은 비를 맞으며 장미를 파는 아이를 도와줘요.
> 아이는 왕에게 보답하고 싶어해요. 아이가 어떻게 왕을 기쁘게 할지 궁금하네요. 99

# Phonics Words

챈트를 들으며 단어를 따라 읽어보세요.

## Kk [ㅋ]

**k**ettle

**k**id

**k**ing

**k**iwi

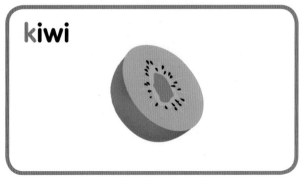

## Rr [ㄹ]

**r**ain

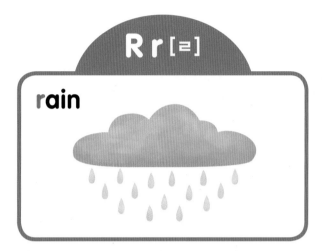

**r**ainbow

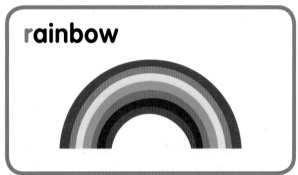

**r**ed

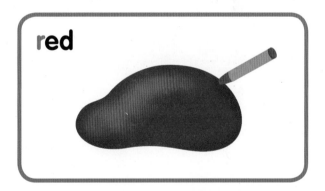

**r**ose

It **rains** a lot in the kind **king**'s kingdom.

The kind **king** sees a **kid** with **red roses**.

The **kid** with **red roses** has a cold.

The kind **king** helps the **kid**.
The **king** gives the **kid** hot water in a **kettle**.

The **kid** becomes hungry.

The kind **king** helps the **kid**.
The **king** gives **kiwis** to the **kid**.

The **kid** plants **red roses** for the **king**.

The **king** and the **kid** see a **rainbow** in the sky.

**A.** 사진에 해당하는 영어 단어를 골라 동그라미 하세요.

1

rose

rain

rainbow

2

king

kiwi

kettle

3

kiwi

king

kid

4

rainbow

rose

rain

**B.** 사진을 보고 빈칸에 알맞은 글자를 쓰세요.

1

ain

2

ose

3

ing

4

id

5

ed

6

ettle

7

iwi

8
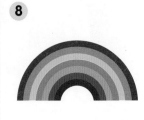
ainbow

**C.** 사진에 해당하는 첫글자와 단어가 되도록 선을 그으세요.

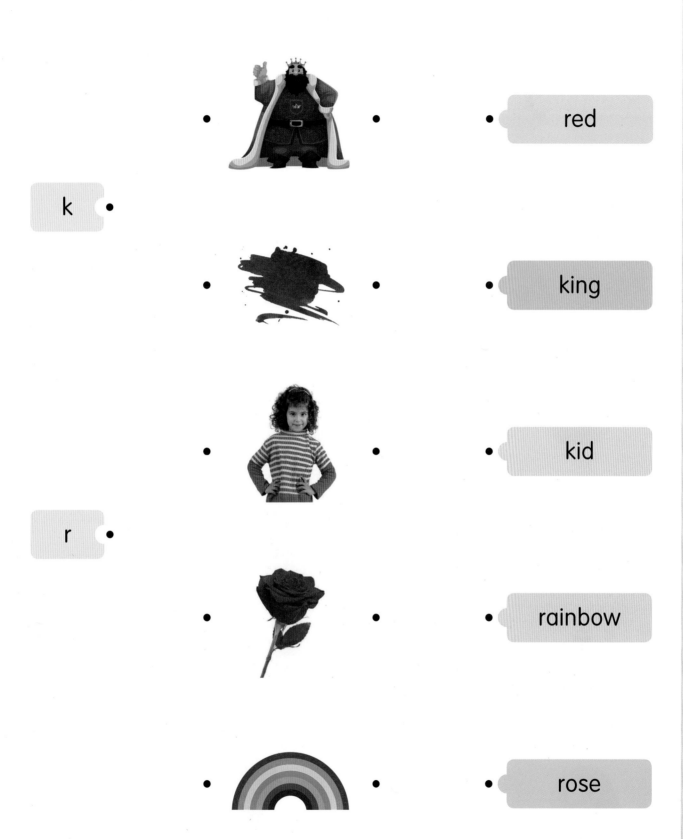

**D.** 사진을 보고 첫소리가 같은 단어들끼리 모아서 쓰세요.

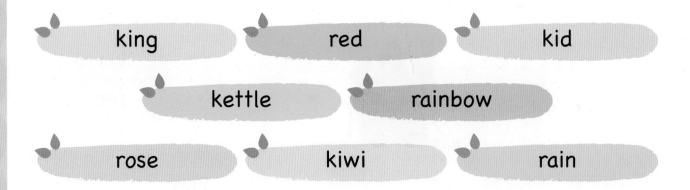

king    red    kid

kettle    rainbow

rose    kiwi    rain

**A.** 보기 에서 알맞은 단어를 골라 빈칸에 쓰세요.

| 보기 | rains　king　red　rainbow　kiwis |
| --- | --- |

**1**

It _____ a lot in the kind **king**'s kingdom.

**2**

The **kid** with _____ **roses** has a cold.

**3**

The **king** gives _____ to the **kid**.

**4**

The **kid** plants **red roses** for the _____ .

**1** The kind **king** sees a **kid** with **red roses**.

**2** The **king** gives the **kid** hot water in a **kettle**.

**3** The **kid** becomes hungry.

**4** The **king** and the **kid** see a **rainbow** in the sky.

아이가 성에 도착할 수 있게 길을 찾아주세요.

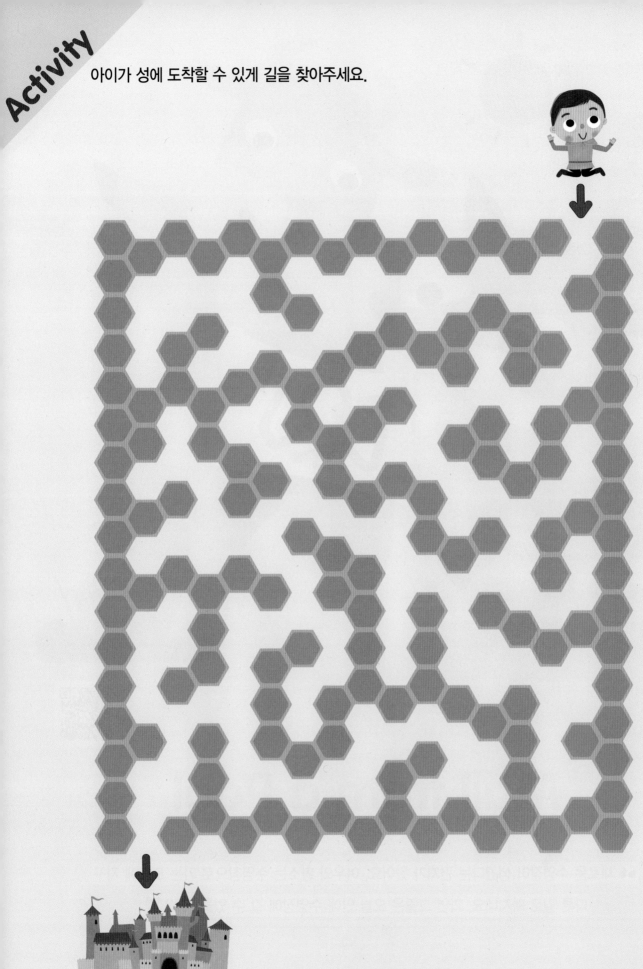

# M & X

# Mail from a Pool

 새로운 수영장이 생겼다는 편지가 왔어요. 여우와 황소는 수영장으로 가는 도중에 자꾸
다른 길로 빠지네요. 과연 그들은 오늘 안에 수영장에 갈 수 있을까요?

# Phonics Words

챈트를 들으며 단어를 따라 읽어보세요.

## M m [ㅁ]

**mail**

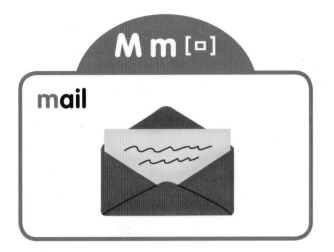

**map**

**milk**

**mud**

## X x [ㅋㅅ]

**box**

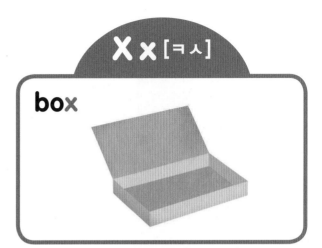

**fox**

**ox**

**six**

6

A **fox** and **ox** get **mail**.
A new pool opens today.

"Here is a **map**."
The **fox** and **ox** follow the **map** to the new pool.

On the way, the **fox** and **ox** find **mud**.

"Let's play in the **mud**."

On the way, the **fox** and **ox** are hungry.
"Let's eat some food."

The **fox** eats a **box** of cookies,
and the **ox** drinks a lot of **milk**.

"Oh, it's already **six** o'clock. We are too late."
The new pool is closed.

"Let's come back tomorrow."

**A.** 사진에 해당하는 영어 단어를 골라 동그라미 하세요.

1

milk
mud
mail

2

ox
six
fox

3

fox
six
box

4

mail
map
mud

**B.** 사진을 보고 빈칸에 알맞은 글자를 쓰세요.

1  ⬜ail

2  fo⬜

3  ⬜ilk

4  bo⬜

5  o⬜

6  ⬜ap

7  si⬜

8  ⬜ud

**C.** 사진에 해당하는 첫글자와 단어가 되도록 선을 그으세요.

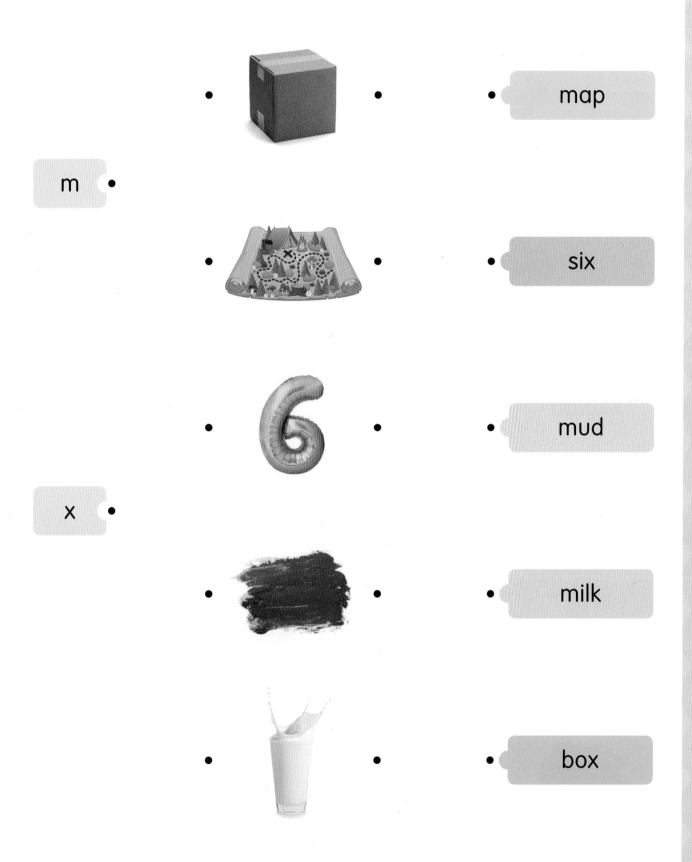

m

map

six

mud

x

milk

box

**D.** 사진을 보고 첫소리가 같은 단어들끼리 모아서 쓰세요.

map

mail

fox

box

milk

six

mud

ox

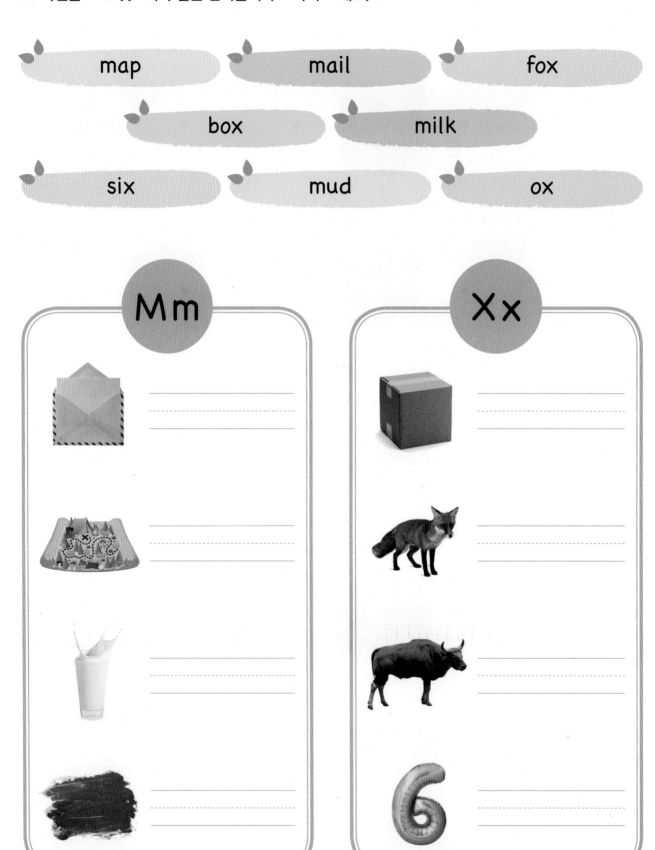

Mm

Xx

**A.** 보기 에서 알맞은 단어를 골라 빈칸에 쓰세요.

| 보기 | six | mud | fox | box | map |
| --- | --- | --- | --- | --- | --- |

1

The **fox** and **ox** follow the ________ to the new pool.

2

"Let's play in the ________."

3

On the way, the ________ and **ox** are hungry.

4

"Oh, it's already ________ o'clock. We are too late."

**B.** 문장을 읽고 알맞은 그림을 고르세요.

**1** A **fox** and **ox** get **mail**. A new pool opens today.

ⓐ  ⓑ

**2** The **fox** and **ox** follow the **map** to the new pool.

ⓐ  ⓑ

**3** On the way, the **fox** and **ox** find **mud**.

ⓐ  ⓑ

**4** The **fox** eats a **box** of cookies, and the **ox** drinks a lot of **milk**.

ⓐ  ⓑ

다음 장면과 관계없는 조각 두 개를 찾아 동그라미 하세요.

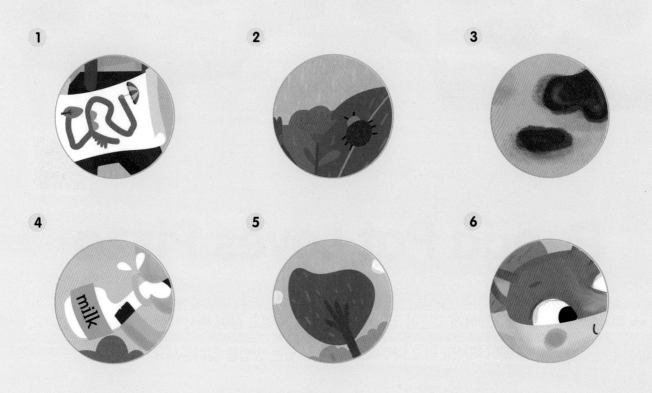

P & V

# Panda Pat Loves Pizza

❝ 피자를 좋아하는 판다 팻에게 고민이 있어요. 피자를 많이 먹고 살이 쪄서 나무에 오를 수가 없어요.
판다 팻이 피자도 먹고 나무에도 오를 수 있는 방법을 찾아주세요. ❞

# Phonics Words

챈트를 들으며 단어를 따라 읽어보세요.

## P p [ㅍ]

**p**anda

**p**ig

**p**ineapple

**p**izza

## V v [ㅂ]

**v**egetable
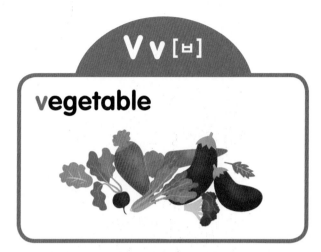

**v**est

**v**et

**v**iolin

**Pandas** like **vegetables**,
but **Panda** Pat likes to eat **pizza**.

**Panda** Pat eats and eats.
**Panda** Pat grows big like a **pig**.

**Panda** Pat can't climb a tree.

**Panda** Pat goes to the **vet** wearing a **vest**.

The **vet** wearing a **vest** says,
"Eat **vegetables**, **Panda** Pat."

**Panda** Pat is sad, but the **vet** has a good idea.

**Panda** Pat cooks a **pizza** with **vegetables** and **pineapples**.

**Panda** Pat can climb a tree again.
The **vet** happily plays the **violin** for **Panda** Pat.

**A.** 사진에 해당하는 영어 단어를 골라 동그라미 하세요.

1

pizza
panda
pig

2

pig
pineapple
pizza

3

vet
violin
vest

4

violin
vest
vegetable

**B.** 사진을 보고 빈칸에 알맞은 글자를 쓰세요.

1

[ ] et

2

[ ] izza

3

[ ] ig

4

[ ] est

5

[ ] ineapple

6

[ ] anda

7

[ ] iolin

8

[ ] egetable

**C.** 사진에 해당하는 첫글자와 단어가 되도록 선을 그으세요.

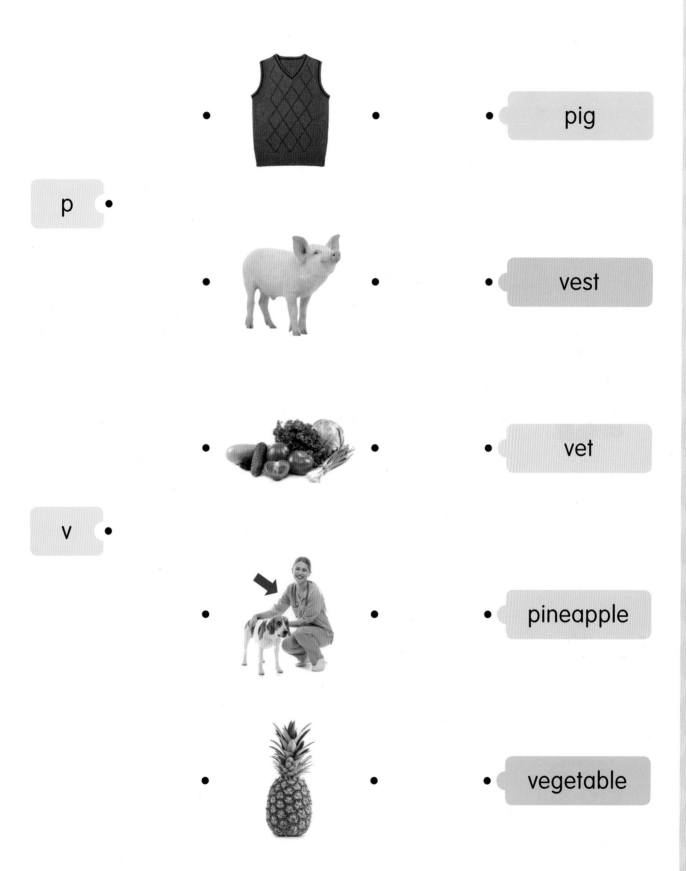

**D.** 사진을 보고 첫소리가 같은 단어들끼리 모아서 쓰세요.

pig

pizza

vegetable

pineapple

violin

vet

panda

vest

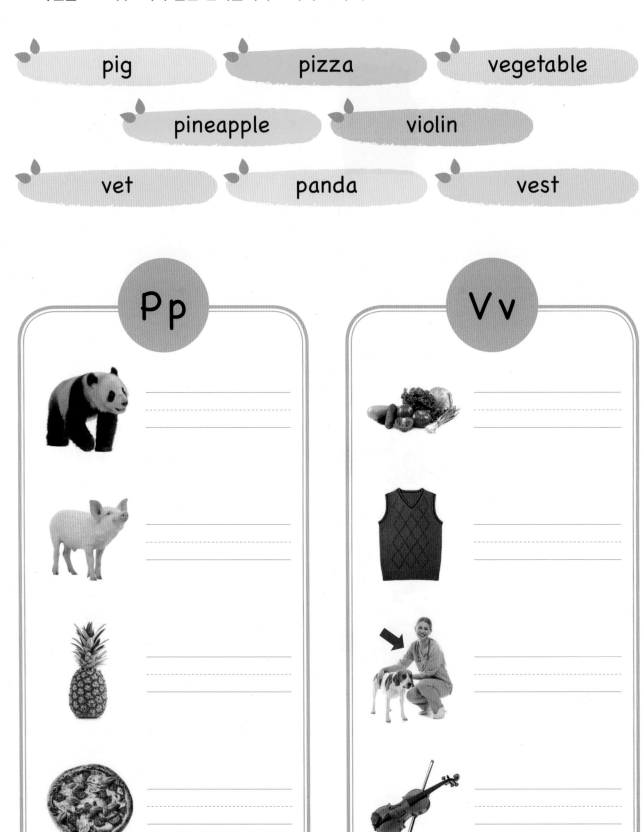

Pp

Vv

**A.** 보기 에서 알맞은 단어를 골라 빈칸에 쓰세요.

| 보기 | pig | vegetables | violin | vest | pizza |

**1**

**Pandas** like _____ ,
but **Panda** Pat likes to eat **pizza**.

**2**

**Panda** Pat eats and eats.
**Panda** Pat grows big like a
_____ .

**3**

The **vet** wearing a _____
says, "Eat **vegetables**, **Panda** Pat."

**4**

The **vet** happily plays the
_____ for **Panda** Pat.

**B.** 문장을 읽고 알맞은 그림을 고르세요.

① **Panda** Pat can't climb a tree.

ⓐ   ⓑ

② **Panda** Pat goes to the **vet** wearing a **vest**.

ⓐ   ⓑ

③ **Panda** Pat is sad, but the **vet** has a good idea.

ⓐ   ⓑ

④ **Panda** Pat cooks a **pizza** with **vegetables** and **pineapples**.

ⓐ   ⓑ

140

그림과 문장을 보고 일이 일어난 순서대로 번호를 쓰세요.

**1**

Panda Pat can't climb a tree.

**2**

Panda Pat is sad, but the vet has a good idea.

**3**

The vet happily plays the violin for Panda Pat.

**4**

Pandas like vegetables, but Panda Pat likes to eat pizza.

☐ ···▶ ☐ ···▶ ☐ ···▶ ☐

• Unit 12. 벽 위의 애벌레 •

# The Worm on the Wall

❝ 친구들을 보고 싶은 애벌레는 벽을 기어 올라가요. 꽉 막힌 벽을 하루 종일 올라가도 애벌레는 친구를 볼 수 없어요. 여왕이 애벌레를 도와주기 위해 마법사를 찾아가네요. ❞

# Phonics Words

챈트를 들으며 단어를 따라 읽어보세요.

## Q q [ㅋ]

**quail**

**queen**

**question**

**quickly**

## W w [워]

**wall**

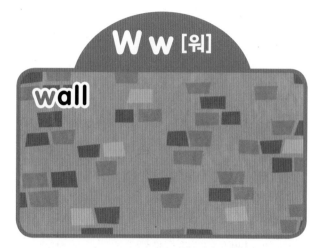

**window**

**wizard**

**worm**

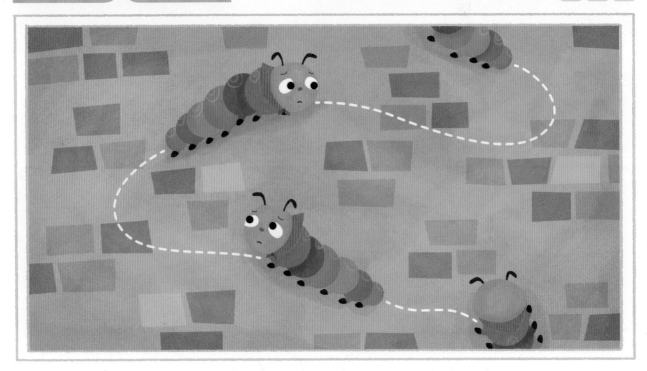

A **worm** climbs a **wall**.
The **worm** climbs the **wall** all day long.

"**Worm**, I have a **question**.
Why do you climb this **wall** all day?"

"I want to see my friends."

The **queen** wants to help the **worm**.
The **queen** goes to the **wizard**.

"**Wizard**, can you put a **window** in the **wall**?"

Abracadabra!

Now the **worm** climbs to the **window**.
The **worm** sees a **quail** in the woods.

146

The **worm** sees a fish swim **quickly**.

The **queen** and **wizard** are happy to see
the **worm** smile.

**A.** 사진에 해당하는 영어 단어를 골라 동그라미 하세요.

1
queen

quail

quickly

2
worm

wall

wizard

3
quail

quickly

question

4
wall

window

worm

**B.** 사진을 보고 빈칸에 알맞은 글자를 쓰세요.

1
　 all

2
　 uail

3
　 uestion

4
　 indow

5
　 orm

6
　 izard

7
　 ueen

8
　 uickly

**C .** 사진에 해당하는 첫글자와 단어가 되도록 선을 그으세요.

**D.** 사진을 보고 첫소리가 같은 단어들끼리 모아서 쓰세요.

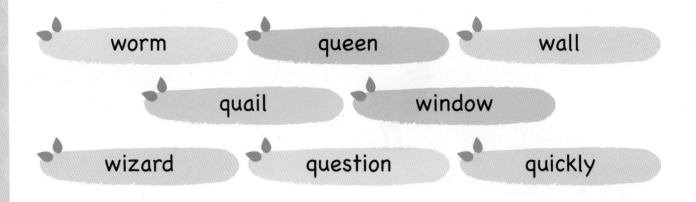

worm　queen　wall
quail　window
wizard　question　quickly

Q q

W w

**A.** 보기 에서 알맞은 단어를 골라 빈칸에 쓰세요.

| 보기 | wizard | queen | window | quail | wall |

**1**

"**Worm**, I have a **question**. Why do you climb this _____ all day?"

**2**

The **queen** wants to help the **worm**. The **queen** goes to the _____ .

**3**

"**Wizard**, can you put a _____ in the **wall**?"

**4**

The _____ and **wizard** are happy to see the **worm** smile.

**1** The **worm** climbs the **wall** all day long.

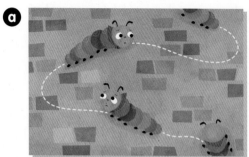 

**2** The **queen** goes to the **wizard**.

**3** The **worm** sees a **quail** in the woods.

**4** The **worm** sees a fish swim **quickly**.

두 그림을 보고 다른 점 다섯 군데를 찾아 동그라미 하세요.

**S & T**

• Unit 13. 호랑이의 이빨 •

# The Tiger's Tooth

❝ 호랑이는 치과에 가기 무서워요. 이빨 하나를 뽑아야 하는데 말이죠.

호랑이는 치과에 같이 가줄 친구를 찾아요. 누가 호랑이와 함께 치과에 가게 될까요? ❞

# Phonics Words

챈트를 들으며 단어를 따라 읽어보세요.

## S s [ㅅ]

**s**ing

**s**low

**s**mile

**s**wim

## T t [ㅌ]

**t**iger

**t**oad

**t**ooth
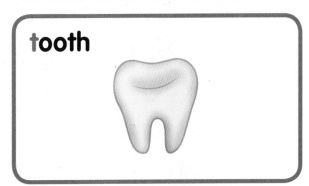

**t**urtle

A **tiger** needs to pull a **tooth**.

The **tiger** needs a friend to go to the dentist with him.

The **tiger** sees a **turtle swim**.
"Will you go to the dentist with me?"

The **turtle** comes out of the water.
But the **turtle** is too **slow**!

The **tiger** hears a **toad sing**.
"Will you go to the dentist with me?"

But the **toad sings** too loud!

On his way, the **tiger** falls over a stone.
The **tiger**'s **tooth** comes out!

The **tiger** finds his **tooth**.
The **tiger** can **smile** again.

**A.** 사진에 해당하는 영어 단어를 골라 동그라미 하세요.

**①**

tiger
turtle
tooth

**②**

sing
smile
slow

**③**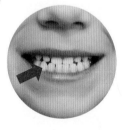

slow
sing
swim

**④**

toad
turtle
tiger

**B.** 사진을 보고 빈칸에 알맞은 글자를 쓰세요.

**①**

☐ ooth

**②**

☐ ing

**③** 

☐ low

**④** 

☐ iger

**⑤**

☐ urtle

**⑥**

☐ mile

**⑦**

☐ oad

**⑧**

☐ wim

**C.** 사진에 해당하는 첫글자와 단어가 되도록 선을 그으세요.

slow

s

tiger

swim

t

smile

turtle

**D.** 사진을 보고 첫소리가 같은 단어들끼리 모아서 쓰세요.

toad    slow    tiger

turtle    swim

sing    tooth    smile

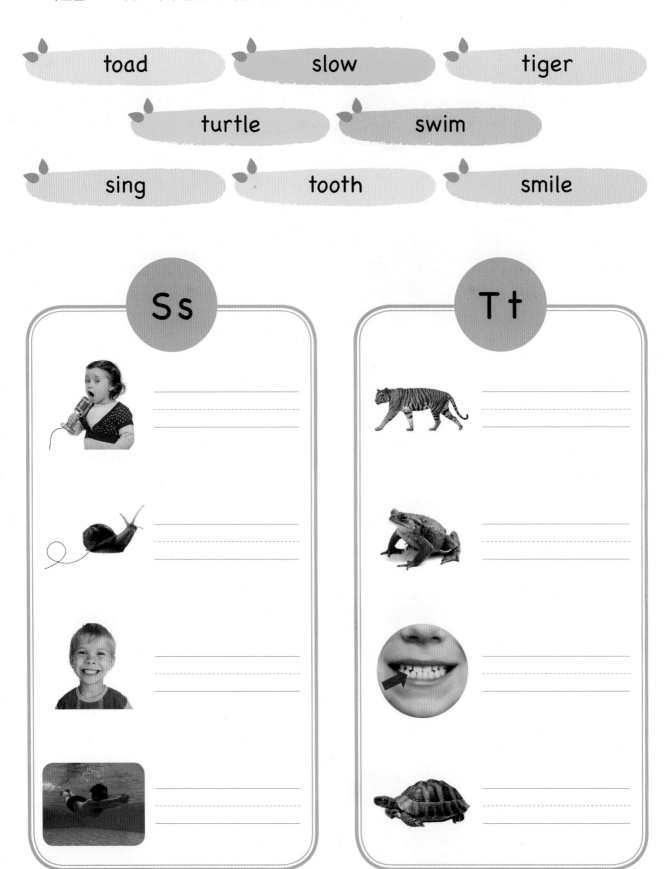

**Ss**

**Tt**

**A.** 보기 에서 알맞은 단어를 골라 빈칸에 쓰세요.

보기　　swim　　slow　　tooth　　toad　　tiger

**1**

A **tiger** needs to pull a

_____ .

**2**

The _____ needs a friend
to go to the dentist with him.

**3**

The **tiger** sees a **turtle** _____ .
"Will you go to the dentist with me?"

**4**

The _____ **sings** too loud!

**B.** 문장을 읽고 알맞은 그림을 고르세요.

① But the **turtle** is too **slow**!

② The **tiger** hears a **toad sing**.

③ The **tiger's tooth** comes out!

④ The **tiger** can **smile** again.

호랑이가 친구를 만날 수 있도록 미로를 탈출해 보세요.

# 기적 영어 학습서

기본이 탄탄! 실전에서 척척!
유초등 필수 영어능력을 길러주는 코어 학습서

## 유아 영어

재미있는 액티비티가 가득한
3~7세를 위한 영어 워크북

4세 이상

5세 이상

6세 이상

6세 이상

## 파닉스 완성 프로그램

알파벳 음가 → 사이트워드
→ 읽기 연습까지!
리딩을 위한 탄탄한 기초 만들기

6세 이상 전 3권

1~3학년

1~3학년 전 3권

## 영어 단어

영어 실력의 가장 큰 바탕은 어휘력!
교과과정 필수 어휘 익히기

1~3학년 전 2권

3학년 이상 전 2권

## 영어 리딩

패턴 문장 리딩으로 시작해
정확한 해석을 위한 끊어읽기까지!
탄탄한 독해 실력 쌓기

2~3학년 전 3권

3~4학년 전 3권

4~5학년 전 2권

5~6학년 전 2권

## 영어 라이팅

저학년은 패턴 영작으로,
고학년은 5형식 문장 만들기 연습으로
튼튼한 영작 실력 완성

2학년 이상 전 5권

4학년 이상 전 5권

5학년 이상 전 2권

6학년 이상

## 영어일기

한 줄 쓰기부터 생활일기,
주제일기까지!
영어 글쓰기 실력을 키우는 시리즈

3학년 이상

4~5학년

5~6학년

## 영문법

중학 영어 대비, 영어 구사
정확성을 키워주는 영문법 학습

4~5학년 전 2권

5~6학년 전 3권

6학년 이상

## 초등 필수 영어 무작정 따라하기

초등 시기에 놓쳐서는 안 될 필수 학습은 바로 영어 교과서!
영어 교과서 5종의 핵심 내용을 쏙쏙 뽑아 한 권으로 압축 정리했습니다.
초등 과정의 필수학습으로 기초를 다져서 중학교 및 상위 학습의 단단한 토대가 되게 합니다.

| 1~2학년 | 2~3학년 | 2~3학년 | 3학년 이상 | 4학년 이상 |

## 미국교과서 리딩

문제의 차이가 영어 실력의 차이! 논픽션 리딩에 강해지는 《미국교과서 READING》
논픽션 리딩에 가장 좋은 재료인 미국 교과과정의 주제를 담은 지문을 읽고, 독해력과
문제 해결력을 두루 향상시킬 수 있도록 구성한 단계별 리딩 프로그램

| LEVEL 1 | LEVEL 2 | LEVEL 3 | LEVEL 4 | LEVEL 5 |
| 준비 단계 | 시작 단계 | 정독 연습 단계 | 독해 정확성 향상 단계 | 독해 통합심화 단계 |

파닉스를 마스터하고
리딩으로 넘어가는

# 기적의 파닉스 리딩

**1** 정답과 해석 · 단어 따라 쓰기

길벗스쿨

정답과 해석
&
단어 따라 쓰기

# Unit 1 ● Cat's Yummy Cake

### (고양이의 맛있는 케이크)

## Phonics Words

| | | | |
|---|---|---|---|
| alligator 악어 | ant 개미 | apple 사과 | astronaut 우주 비행사 |
| cake 케이크 | candy 사탕 | carrot 당근 | cat 고양이 |

## Story Reading

고양이는 케이크 굽는 것을 좋아해요.

고양이는 그의 친구들을 위해 케이크를 만들어요.

고양이가 케이크를 만들 때, 개미가 말해요.
"맛있는 케이크를 만들기 위해 당근을 넣어봐."

고양이가 당근을 좀 넣어요.

고양이가 케이크를 만들 때, 악어가 말해요.
"맛있는 케이크를 만들기 위해 사과를 넣어봐."

고양이가 사과를 좀 넣어요.

고양이가 케이크를 만들 때, 우주 비행사 아담이 말해요. "맛있는 케이크를 만들기 위해 사탕을 넣어봐."

고양이가 사탕을 좀 넣어요.
친구들은 맛있는 케이크를 함께 먹어요.

## Answers

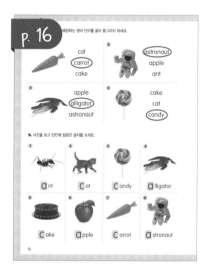

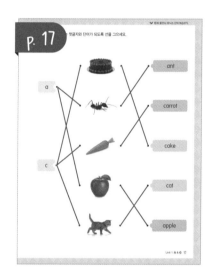

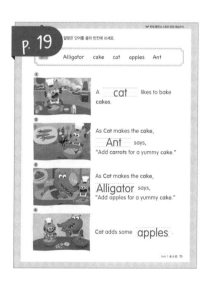

# Unit 2 ● A Ball on a Tree
### (나무 위의 공)

## Phonics Words

| ball 공 | banana 바나나 | bear 곰 | bird 새 |
|---------|---------------|---------|---------|
| egg 달걀 | eight (숫자) 8 | elephant 코끼리 | everyone 모두 |

## Story Reading

8마리 곰들이 바나나 나무 아래에서 놀아요.

한 마리 곰이 공을 힘껏 차요.
공이 바나나 나무에 떨어져요.

8마리 곰들은 키가 너무 작아요.
공은 여전히 나무 위에 있어요.

8마리 곰들은 알들 위에 앉아 있는 새를 봐요.
그들은 새에게 도움을 요청해요.

새는 너무 힘이 약해요.
공은 여전히 나무 위에 있어요.

8마리 곰들은 코끼리에게 도움을 요청해요.

코끼리가 긴 코를 이용해서, 8마리 곰들은 공을 다시 받아요.

8마리 곰들은 공을 가지고 놀고, 코끼리는 바나나를 먹어요. 이제 모두가 행복해요.

## Answers

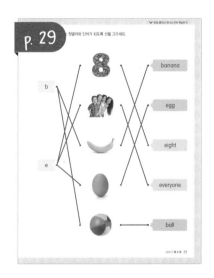

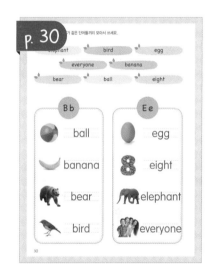

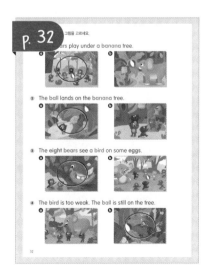

# Unit 3 ● My Uncle's Big Umbrella

(삼촌의 큰 우산)

## Phonics Words

| dance 춤을 추다 | donkey 당나귀 | drum 드럼 | duck 오리 |
|---|---|---|---|
| umbrella 우산 | uncle 삼촌 | under 아래에 | upset 화난, 속상한 |

## Story Reading

우리 삼촌은 큰 우산이 있어요.

비 오는 날에, 삼촌의 오리는 큰 우산 아래에서 드럼을 쳐요.

삼촌의 당나귀는 큰 우산 아래에서 춤을 춰요.

오리는 하루 종일 드럼을 쳐요.
당나귀는 춤을 추고, 또 추고, 계속 춤을 춰요.

그들이 시끄러워서, 삼촌은 화가 나요.
그는 우산을 숨겨요.

오리는 드럼 연주를 멈춰요.
당나귀는 춤추는 것을 멈춰요.

오리와 당나귀는 울어요.

삼촌은 그들에게 우산을 줘요.
그들은 다시 행복해요.

## Answers

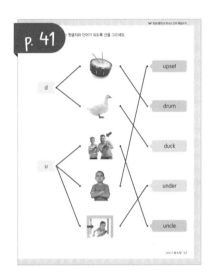

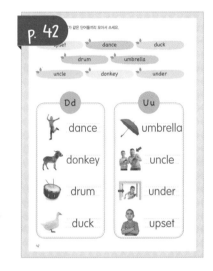

# Unit 4 ● Fox's Birthday Party

(여우의 생일 파티)

## Phonics Words

| fire 불 | food 음식 | fox 여우 | frog 개구리 |
|---------|-----------|----------|-------------|
| orange 오렌지 | ostrich 타조 | otter 수달 | ox 황소 |

## Story Reading

여우의 생일이에요.
몇몇 친구들이 그의 오렌지 농장에서 파티를 해요.

헛간에서 작은 불길이 시작돼요.
"불이야!" 황소가 소리쳐요.

개구리는 소방서로 팔딱 뛰어가요.

수달은 소방서로 수영해서 가요.

타조는 소방서로 달려가요.

"서둘러요! 여우의 오렌지 농장에서 불이 났어요!"

p. 51

소방차 한 대가 오렌지 농장에 도착해요.
소방관이 불을 꺼요.

소방관 덕분에 여우의 생일 파티가 계속되어요.
그들은 모두 함께 음식을 맛있게 먹어요.

## Answers

p. 52

해당하는 영어 단어를 골라 동그라미 하세요.

① (ostrich) orange otter
② fox frog (food)
③ ox (otter) orange
④ (fire) frog fox

B. 사진을 보고 빈칸에 알맞은 글자를 쓰세요.

① **f** ox
② **f** ire
③ **O** tter
④ **O** range
⑤ **O** x
⑥ **O** strich
⑦ **f** rog
⑧ **f** ood

52

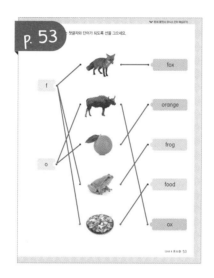

p. 53

첫글자와 단어가 되도록 선을 그으세요.

fox
orange
frog
food
ox

f
o

Unit 4 F & O 53

p. 54

같은 단어끼리 모아서 쓰세요.

orange   fox   otter
food   ostrich
frog   ox   fire

**F f**
fire
food
fox
frog

**O o**
orange
ostrich
otter
ox

54

p. 55

알맞은 단어를 골라 빈칸에 쓰세요.

Ostrich   food   orange   fox   fire

① Some friends have a party on his **orange** farm.

② **Ostrich** runs to the fire station.

③ "Hurry! Fox's **orange** farm is on **fire** !"

④ They all enjoy the **food** together.

Unit 4 F & O 55

p. 56

그림을 고르세요.

① Fire starts in the barn. "Fire!" Ox cries out.

② Frog jumps to the fire station.

③ Otter swims to the fire station.

④ The firefighter puts out the fire.

56

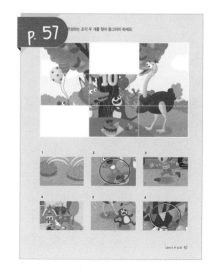

p. 57

완성하는 조각 두 개를 찾아 동그라미 하세요.

1  2  3
4  5  6

Unit 4 F & O 57

# Unit 5 ● A Girl Wants a Goldfish

(소녀는 금붕어를 갖고 싶어요)

## Phonics Words

| | | | |
|---|---|---|---|
| girl 여자 아이 | goat 염소 | goldfish 금붕어 | grass 풀, 잔디 |
| yard 마당 | yawn 하품하다 | yellow 노란색, 노란색의 | yogurt 요구르트 |

## Story Reading

소녀는 노란 금붕어를 갖고 싶어요.

"돈을 벌어서 노란 금붕어를 사야지."

아침에, 소녀는 잔디밭에 있는 그녀의 염소에게 가요.

소녀는 잔디밭에서 염소의 젖을 짜요.

오후에, 소녀는 염소 우유로 맛있는 요구르트를 만들어요.

저녁에, 소녀는 마당에서 맛있는 요구르트를 팔아요.

긴 하루를 보낸 후, 소녀는 침대에서 하품을 해요.

"내일 노란 금붕어를 사야지."

## Answers

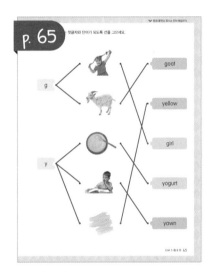

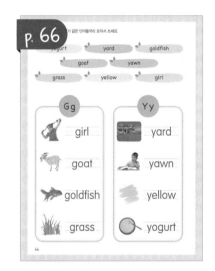

# Unit 6 ● The Zoo Dance Party
### (동물원 댄스파티)

## Phonics Words

| | | | |
|---|---|---|---|
| hen 암탉 | hippo 하마 | horse 말 | house 집 |
| zebra 얼룩말 | zigzag 지그재그 | zipper 지퍼 | zoo 동물원 |

## Story Reading

오늘 밤 동물원에서 댄스파티가 열려요.

하마는 누구와 함께 갈 수 있을까요?

하마는 얼룩말의 집에 가요.
"동물원 댄스파티에 같이 가자."

밤이에요.
하마는 밤에 얼룩말을 볼 수 없어요.

하마는 암탉의 집으로 가요.
"동물원 댄스파티에 같이 가자."

암탉은 너무 졸려요.
암탉은 일찍 자야 해요.

하마는 말의 집으로 가요.
하마는 말의 지퍼가 있는 재킷이 마음에 들어요.

하마와 말은 동물원 댄스파티에서 지그재그 춤을 춰
요.

## Answers

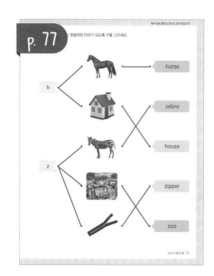

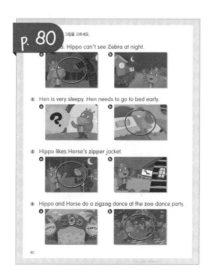

# Unit 7 ● The Indian Boy and the Iguana

(인디언 소년과 이구아나)

## Phonics Words

| iguana 이구아나 | in ~안에 | Indian 인디언 | insect 곤충 |
|---|---|---|---|
| name 이름 | nap 낮잠 | nose 코 | nut 견과 |

## Story Reading

이구아나가 호두나무 안에서 낮잠을 자요.

큰 코를 가진 인디언 소년이 호두나무 속 이구아나를 발견해요.

이구아나는 인디언 소년과 그의 큰 코가 무서워요.

"너의 친구가 되고 싶어.
내 이름은 이안이야."

인디언 소년은 이구아나를 위해 곤충을 잡아요.

이구아나는 인디언 소년을 위해 호두를 따요.

인디언 소년과 이구아나는 이제 친구예요.

그들은 호두나무 아래에서 긴 낮잠을 자요.

## Answers

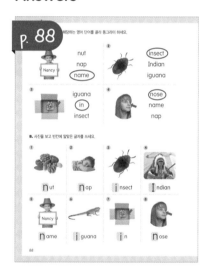

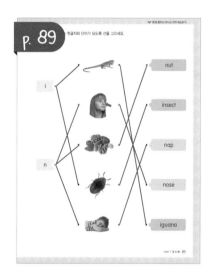

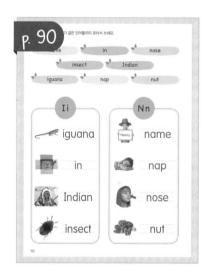

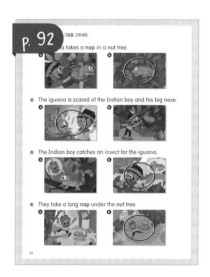

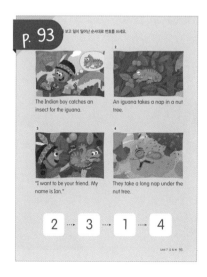

# Unit 8 ● Where Is the Lemon Jam?

(레몬 잼은 어디 있어?)

## Phonics Words

| jam 잼 | jeans 청바지 | jet 제트기 | juice 주스 |
|---|---|---|---|
| lemon 레몬 | long (길이가) 긴 | love 사랑하다 | low 낮은 |

## Story Reading

존의 엄마는 레몬을 아주 좋아해요.
"존, 레몬 잼과 레몬주스 좀 사다 줘."

존은 청바지를 입고 슈퍼마켓으로 날아가요.

존은 제트기처럼 날아요.
그는 위로 아래로 날아요.

존은 긴 줄을 서서 기다려요.
그는 레몬 잼과 레몬주스를 사요.

존은 너무 배고파서 레몬 잼을 먹어요.

존은 너무 목이 말라서 레몬주스를 마셔요.

존은 다시 제트기처럼 날아요.
그는 다시 위로 아래로 날아요.

존이 아무것도 없이 집으로 돌아와요.
"레몬 잼과 레몬주스는 어디 있니?"

## Answers

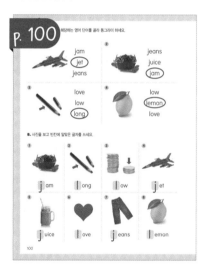
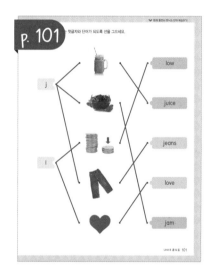

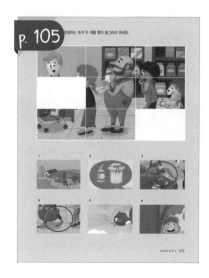

# Unit 9 ● A Rainbow in the Kingdom

(왕국에 뜬 무지개)

## Phonics Words

| kettle 주전자 | kid 아이 | king 왕 | kiwi 키위 |
|---|---|---|---|
| rain 비가 오다 | rainbow 무지개 | red 빨간색, 빨간색의 | rose 장미 |

## Story Reading

다정한 왕의 왕국에 비가 많이 내려요.

다정한 왕은 빨간 장미를 가진 아이를 봐요.

빨간 장미를 가진 아이는 감기에 걸려요.

다정한 왕은 아이를 도와줘요.
왕은 아이에게 주전자에 있는 따뜻한 물을 줘요.

아이는 배가 고파요.

다정한 왕은 아이를 도와줘요.
왕은 아이에게 키위를 줘요.

아이는 왕을 위해 빨간 장미를 심어요.

왕과 아이는 하늘에 떠 있는 무지개를 봐요.

## Answers

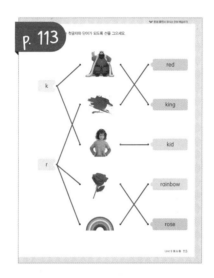

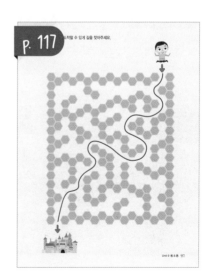

# Unit 10 ● Mail from a Pool

### (수영장에서 온 편지)

## Phonics Words

| mail 우편, 우편물 | map 지도 | milk 우유 | mud 진흙 |
|---|---|---|---|
| box 상자 | fox 여우 | ox 황소 | six (숫자) 6 |

## Story Reading

여우와 황소는 편지를 받아요.
오늘 새로운 수영장이 개장해요.

"여기 지도가 있어."
여우와 황소는 지도를 따라 새로운 수영장에 가요.

가는 중에, 여우와 황소는 진흙탕을 발견해요.

"진흙탕에서 놀자."

가는 중에, 여우와 황소는 배가 고파요.
"음식을 좀 먹자."

여우는 과자 한 상자를 먹고, 황소는 우유를 많이 마셔요.

"오, 벌써 6시야. 우리가 너무 늦었어."
새로운 수영장은 문이 닫혀 있어요.

"내일 다시 오자."

## Answers

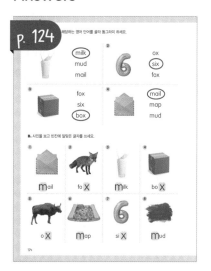

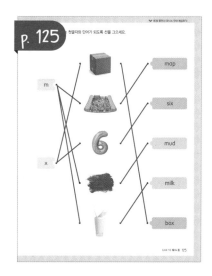

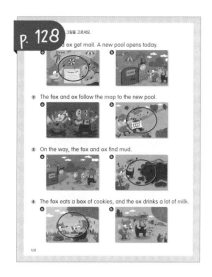

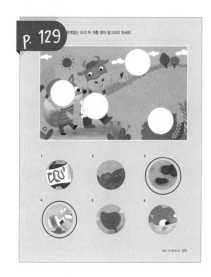

# Unit 11 ● Panda Pat Loves Pizza

### (판다 팻은 피자를 너무 좋아해)

## Phonics Words

| panda 판다 | pig 돼지 | pineapple 파인애플 | pizza 피자 |
|---|---|---|---|
| vegetable 채소 | vest 조끼 | vet 수의사 | violin 바이올린 |

## Story Reading

판다들은 채소를 좋아하지만, 판다 팻은 피자 먹는 것을 좋아해요.

판다 팻은 먹고 또 먹어요.
판다 팻은 돼지처럼 살이 쪄요.

판다 팻은 나무에 오를 수 없어요.

판다 팻은 조끼를 입은 수의사를 찾아가요.

조끼를 입은 수의사는 말해요,
"판다 팻, 야채를 먹어라."

판다 팻은 슬프지만, 수의사는 좋은 생각이 있어요.

판다 팻은 야채와 파인애플들로 피자를 만들어요.

판다 팻은 다시 나무에 오를 수 있어요. 수의사는 판다 팻을 위해 행복하게 바이올린을 연주해요.

## Answers

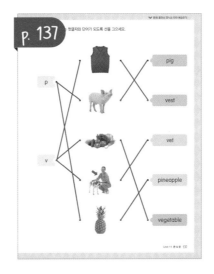

# Unit 12 ● The Worm on the Wall

(벽 위의 애벌레)

## Phonics Words

| quail 메추라기 | queen 여왕 | question 질문 | quickly 빠르게 |
|---|---|---|---|
| wall 벽 | window 창문 | wizard 마법사 | worm 벌레, 애벌레 |

## Story Reading

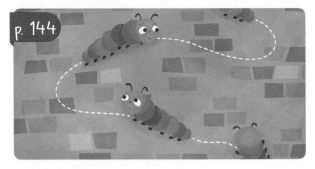

애벌레가 벽을 올라가요.
애벌레는 하루 종일 벽을 올라가요.

"애벌레야, 질문이 있어.
너는 왜 하루 종일 이 벽을 올라가니?"

"저는 제 친구들을 보고 싶어요."

여왕은 애벌레를 도와주고 싶어요.
여왕은 마법사에게 가요.

"마법사님, 벽에 창문을 내줄 수 있어요?"

이제 애벌레는 창문으로 올라가요.
애벌레는 숲 속에 있는 메추라기를 봐요.

애벌레는 물고기가 빠르게 수영하는 것을 봐요.

여왕과 마법사는 애벌레가 웃는 것을 보고 기뻐해요.

## Answers

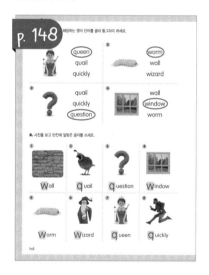

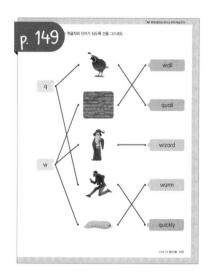

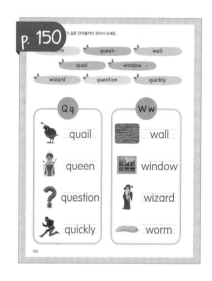

# Unit 13 ● The Tiger's Tooth

(호랑이의 이빨)

## Phonics Words

| sing 노래하다 | slow 느린 | smile 미소 짓다 | swim 수영하다 |
|---|---|---|---|
| tiger 호랑이 | toad 두꺼비 | tooth 이빨, 치아 | turtle 거북 |

## Story Reading

호랑이는 이빨 하나를 뽑아야 해요.

호랑이는 치과에 같이 가줄 친구가 필요해요.

호랑이는 거북이 헤엄치는 것을 봐요.
"나랑 같이 치과에 갈래?"

거북이 물 밖으로 나와요.
그러나 거북은 너무 느려요!

호랑이는 두꺼비가 노래하는 소리를 들어요.
"나랑 같이 치과에 갈래?"

그러나 두꺼비는 너무 시끄럽게 노래해요!

**P. 159**

가는 길에 호랑이는 돌에 걸려 넘어져요.
호랑이의 이빨이 빠져요!

호랑이는 그의 이빨을 발견해요.
호랑이는 다시 웃을 수 있어요.

## Answers

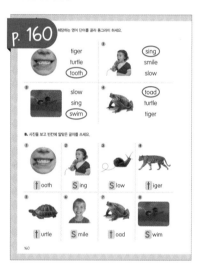

**P. 160**

A. 해당하는 영어 단어를 골라 동그라미 하세요.
① tiger / turtle / (tooth)
② (sing) / smile / slow
③ slow / sing / (swim)
④ (toad) / turtle / tiger

B. 사진을 보고 빈칸에 알맞은 글자를 쓰세요.
① **t** ooth ② **S** ing ③ **S** low ④ **t** iger
⑤ **t** urtle ⑥ **S** mile ⑦ **t** oad ⑧ **S** wim

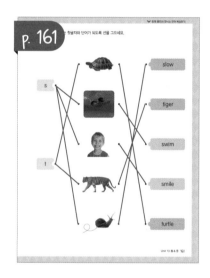

**P. 161**

첫 번째 글자와 단어가 되도록 선을 그으세요.
slow / tiger / swim / smile / turtle

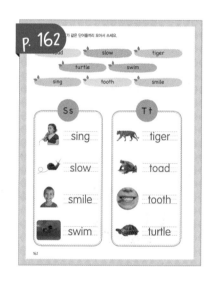

**P. 162**

가 같은 단어들끼리 모아서 쓰세요.
toad / slow / tiger / turtle / swim / sing / tooth / smile

**Ss**: sing / slow / smile / swim
**Tt**: tiger / toad / tooth / turtle

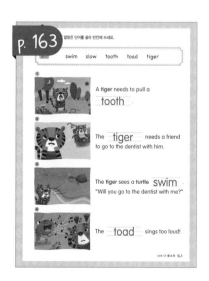

**P. 163**

알맞은 단어를 골라 빈칸에 쓰세요.
swim slow tooth toad tiger

① A **tiger** needs to pull a **tooth**
② The **tiger** needs a friend to go to the dentist with him.
③ The tiger sees a turtle **swim** "Will you go to the dentist with me?"
④ The **toad** sings too loud!

**P. 164**

그림을 고르세요.
① turtle is too slow!  ⓐ
② The **tiger** hears a **toad** sing.  ⓐ
③ The **tiger's tooth** comes out!  ⓑ
④ The **tiger** can smile again.  ⓑ

**P. 165**

를 만날 수 있도록 미로를 빠져나가 보세요.

**alligator** 악어

alligator

**ant** 개미

ant

**apple** 사과

apple

**astronaut** 우주 비행사

astronaut

**cake** 케이크

cake

**candy** 사탕

candy

**carrot** 당근

carrot

**cat** 고양이

cat

ball 공

ball

banana 바나나

banana

bear 곰

bear

bird 새

bird

egg 달걀

egg

eight (숫자) 8

eight

elephant 코끼리

elephant

everyone 모두

everyone

dance 춤을 추다

dance

donkey 당나귀

donkey

drum 드럼

drum

duck 오리

duck

umbrella 우산

umbrella

uncle 삼촌

uncle

under 아래에

under

upset 화난, 속상한

upset

fire 불

_fire_

food 음식

_food_

fox 여우

_fox_

frog 개구리

_frog_

orange 오렌지

_orange_

ostrich 타조

_ostrich_

otter 수달

_otter_

ox 황소

_ox_

**girl** 여자 아이

girl

**goat** 염소

goat

**goldfish** 금붕어

goldfish

**grass** 풀, 잔디

grass

**yard** 마당

yard

**yawn** 하품하다

yawn

**yellow** 노란색, 노란색의

yellow

**yogurt** 요구르트

yogurt

**hen** 암탉

hen

**hippo** 하마

hippo

**horse** 말

horse

**house** 집

house

**zebra** 얼룩말

zebra

**zigzag** 지그재그

zigzag

**zipper** 지퍼

zipper

**zoo** 동물원

zoo

iguana 이구아나

iguana

in ~안에

in

Indian 인디언

Indian

insect 곤충

insect

name 이름

Ian

name

nap 낮잠

nap

nose 코

nose

nut 견과

nut

jam 잼

jam

jeans 청바지

jeans

jet 제트기

jet

juice 주스

juice

lemon 레몬

lemon

long (길이가) 긴

long

love 사랑하다

love

low 낮은

**kettle** 주전자

kettle

**kid** 아이

kid

**king** 왕

king

**kiwi** 키위

kiwi

**rain** 비가 오다

rain

**rainbow** 무지개

rainbow

**red** 빨간색, 빨간색의

red

**rose** 장미

rose

mail 우편, 우편물

mail

map 지도

map

milk 우유

milk

mud 진흙

mud

box 상자

box

fox 여우

fox

ox 황소

ox

six (숫자) 6

six

panda 판다

panda

pig 돼지

pig

pineapple 파인애플

pineapple

pizza 피자

pizza

vegetable 채소

vegetable

vest 조끼

vest

vet 수의사

vet

violin 바이올린

violin

quail 메추라기

quail

queen 여왕

queen

question 질문

question

quickly 빠르게

quickly

wall 벽

wall

window 창문

window

wizard 마법사

wizard

worm 벌레, 애벌레

worm

**sing** 노래하다

sing

**slow** 느린

slow

**smile** 미소 짓다

smile

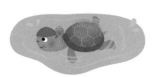
**swim** 수영하다

swim

**tiger** 호랑이

tiger

**toad** 두꺼비

toad

**tooth** 이빨, 치아

tooth

**turtle** 거북

turtle

## 파닉스 리딩을 왜 해야 하나요?

파닉스 단어들이 반복 등장하도록 스토리를 구성하였기 때문에
스토리를 듣고 따라 읽는 동안
파닉스 목표 음가를 집중 연습할 수 있습니다.
이 과정에서, 소리와 철자를 반복해서 접하여
자연스럽게 파닉스 규칙을 습득하게 됩니다.

본문 전체 듣기

길벗스쿨 e클래스
eclass.gilbut.co.kr

• MP3 파일
• 스토리 받아쓰기 워크시트

**시리즈 구성**

❶권 알파벳 음가
❷권 단모음, 장모음
❸권 이중자음, 이중모음